KB043706

부자는 어떻게 가난을 만드는가

부자는 어떻게 가난을 만드는가

0.01%를 위한 **나라**
미국 경제로 보는
한국 중산층의 **미래**

김광기 지음

21세기북스

만조에서 간조로

 # 장면 1.

일시 : 2013년 2월 중순.

장소 : 미국 하와이 와이키키 해변.

장면 : 해가 떨어지자마자 수많은 노숙자가 행인들이 다니는 보도와 백사
장에 자리를 펴고 눕는다.

 # 장면 2.

일시 : 2014년 6월 초순.

장소 : 미국 캘리포니아 몬터레이 반도.

장면 : 풍광 좋기로 소문난 '17마일 드라이브'가 시작되는 초입, 유명 관광
지인 '어부의 부두(Fisherman's Wharf)'에 100여 명의 노숙자가 남
루한 행색으로 무료 배식을 타기 위해 줄을 서고 있다.

——— 와이키키 해변의 노숙인. 현재 하와이는 미국 전체에서 인구 대비 노숙자 수가 가장 많은 주다.

— 부자는 어떻게 가난을 만드는가

위의 장면들은 모두 내가 직접 목격한 것이다. 너무 충격적이라 아직도 생생하게 뇌리에 남아 있다. 그러나 독자들 중에서는 왜 그게 충격적인가 하고 의문을 제기하는 이들도 있을 것이다. 걸인과 노숙자는 어디에나 있는데 그게 뭐 대수냐면서.

해서 그 이유에 대해서 조금 설명할 필요성을 느낀다. 우선 저 장소들은 과거에는 걸인이나 노숙자를 흔히 볼 수 있는 곳이 전혀 아니었다. 하와이 와이키키와 캘리포니아 몬터레이는 세계적인 관광지, 즉 관광 수입으로 먹고사는 곳이기 때문에 지자체는 걸인이나 노숙자 들이 어슬렁거리고 구걸하는 모습이 관광객들의 눈살을 찌푸리게 할까봐 미연에 철저히 방지하고자 했다. 그런데 그런 세계적인 관광지에도 노숙자와 걸인이 진을 치고 있다는 것은 소관 부처가 관리 감독하기 힘들 정도로 그들 수가 엄청나게 늘어났거나, 아니면 관리 감독 경비가 축소되었거나 둘 중 하나임이 분명하다.

내가 충격을 받은 또 다른 이유는 순전히 개인사에서 기인한다. 나는 5년 전인 2011년에 2008년 미국 금융 위기의 원인과 영향을 짚어보는 『우리가 아는 미국은 없다』라는 책을 펴낸 바 있다. 그 책 서두에 금융 위기 이후 열악한 재정 문제에 직면한 주 정부가 관리에 적지 않은 돈이 드는 노숙자들을 편도 기차나 비행기에 태워 다른 주로 쫓아내는 사례를 소개했다. 이제 와서 실토하건대,

그 소식을 유수의 신문에서 접하고 내 책에 인용하면서도 설마 사실일까 의심했었다. 직접 보지 않는 한 믿기 힘든 사실이었기 때문이다. 그런데 책이 발간되고 2년 후 하와이를 방문했을 때 나는 큰 충격을 받았다. 오아후 섬 북쪽 해안가는 물론 관광객이 집중적으로 몰리는 와이키키 해변에서 노숙자들이 잠을 청하고 있는 텐트촌을 직접 목도하게 된 것이다. 게다가 그때는 전미경제연구소(NBER)이 미국의 경제 침체가 2009년 6월을 기해 종료되었음을 공식 선언한 지 몇 년이 지난 뒤가 아니었나!

그 장면들이 뇌리에서 떨쳐지지 않는 마지막 이유는, 노숙자 텐트촌이 있는 바로 그 지역에 노숙자와 전혀 딴판의 삶을 사는 이들이 존재한다는 사실 때문이었다. 미국 본토에서 멀리 떨어진 하와이를 방문할 수 있는 미국인들은 상당한 여유를 가진 사람들이다. 특히나 와이키키 해변가 특급 호텔에 머무르는 사람들은 더 말해 무엇하랴. 캘리포니아 몬터레이 반도도 PGA 투어가 열리는 페블 비치(Pebble Beach) 골프장 등 꿈의 골프장이 여러 개 있고 리조트 바에선 100만 원이 넘는 와인이 수월찮게 팔리는, '있는 자'들의 향연이 날마다 흥청망청 벌어지는 곳이다. 바로 그런 곳 초입에 공짜 빵과 수프가 간절해 줄을 선 노숙자 행렬이 펼쳐지고 있었던 것이다. 그 노숙자들과 리조트 고객들 사이에는 우리 돈으로 1만 원을 받고 진입을 허용하는 경비소가 서 있었다. 1만 원이 없으면 진입조차 못하는 길이 바로 그 유명한 꿈의 도로 '17마일 드라이브(Seventeen Mile Drive)'였다.

그런 대비가 더욱 안타깝게 보였던 것은 와이키키와 몬터레이의 노숙자들 중에 이전에는 멀쩡한 중산층이었던 이들도 적지 않을 거라는 추측이 가능했기 때문이었다. 앞서 언급한 『우리가 아는 미국은 없다』에서 나는 미국의 실업률과 빈곤율은 수치가 거의 같다는 것을 근거로 미국인이 실직할 경우, 대번에 빈곤에 처할 가능성이 매우 크다는 주장을 펼친 바 있다. 이는 저축 없는 '가불 경제' 체제 아래서 살아가는 미국인들의 처량한 단면이 아닐 수 없다.

그렇다면 과연 미국인들에겐 그간 무슨 일이 일어난 것인가?

금융 위기 발발 이후 5, 6년이 지난 후부터 미국 정부는 상황이 나아지고 있다고 발표해왔고, 급기야 2015년 말 미국 연방준비제도(Federal Reserve System, 이하 '연준'으로 표기)는 경기 회복을 이유로 기준 금리 인상을 단행했다. 과연 미국은 기사회생하고 있는 것일까? 미국 정부의 발표를 곧이곧대로 믿을 수 있을까?

단도직입적으로 말해 나는 매우 회의적이다. 극소수의 사람을 제외한 미국 시민의 삶은 오히려 더 악화되고 있기 때문이다. 특히나 '아메리칸 드림'의 상징이었던 미국 중산층의 두께가 갈수록 야위어가고 있다. 그나마 버티고 있는 중산층의 삶조차 언제 나락으로 떨어질지 모르는 것이 미국의 현실이다.

2016년 6월 〈뉴욕 타임스(New York Times)〉의 보도에 따르면 미국 전체 주 가운데 인구 대비 가장 많은 수의 노숙자로 몸살을 앓고 있는 곳은 바로 와이키키 해변이 있는 하와이 주다. 캘리포니아 주의 로스앤젤레스는 갈수록 거리로 쏟아져 나오는 노숙자들로 골머리를 앓다가 2015년 9월 비상사태를 선포했다. 경제 위기엔 항상 그 수치가 올라가는 것으로 알려진 자살률도 2014년 현재 인구 10만 명당 13명으로 과거 30년 이래 가장 높은 통계치를 보이고 있다. 각종 연구 기관과 여론조사 기관, 그리고 매체는 이런저런 기준으로 측정한 중산층 규모가 나날이 축소되고 있다고 심심찮게 전하고 있다. 게다가 학자금 대출과 높은 실업률에 좌절한 청년들은 '아메리칸 드림'이 도대체 무슨 소리냐며 한숨을 내쉬고 있다. 결혼과 주택 구입은 먼 나라 이야기일 뿐이라면서.

오죽하면 2016년 미국 대통령 후보 경선 과정에서 각 당의 주자들이 중산층이라는 용어 자체를 슬며시 다른 말로 대체했을까. 대표적으로 힐러리 클린턴은 경선 초반에 중산층 대신 '일상의 미국인(everyday Americans)'이라는 말을 썼다. 중산층이 무너지는 시대에 '아메리칸 드림'의 상징으로서 중산층을 또 들먹이면 국민의 불안감과 좌절감을 자극해서 경선 가도에 차질이 생길까봐서

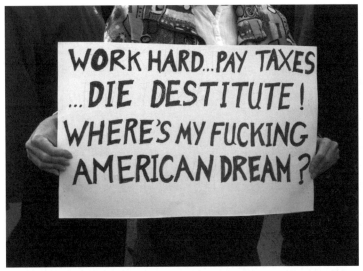

────── "등골 빠지게 일해서 세금 내고 나니 아무것도 남은 게 없어 죽을 지경이다. 도대체 빌어먹을 아메리칸 드림은 어디 있는 거냐?" 2011년 10월 뉴욕 맨해튼 '월가를 점령하라' 시위대의 피켓.

였다.

양당 제도가 정착된 미국 정치판에서 각 당의 아웃사이더 격인 버니 샌더스와 도널드 트럼프가 대선 주자로 떠오른 것도 한때는 단단한 중산층 반열에 있던 사람들이 지금은 거기서 미끄러져 내려가고 있고, 이에 분노를 느낀 이들이 파격적인 대안을 제시하는 인물들에게 끌렸기 때문이라고 해석할 수 있다.

미국 중산층의 분노가 이토록 극에 달하고 있는 동안에도 극소수 부자의 배는 점점 더 불러가고 있다. 이른바 사회 양극화 현상이 심화되어가고 있는 것이다.

지금부터 내가 이 책에서 풀어갈 이야기는 만조에서 간조로 바뀐 미국과 그 간조에 휩쓸려 미증유의 절박한 삶 속으로 떠밀려가는 미국인의 민낯이다. 그러므로 이 책은 미국의 현주소를 적나라하게 보여주는 일종의 보고서다.

그런데 왜 이 시점에 다른 주요 현안을 제쳐두고 우리가 유독 미국 중산층 붕괴 현상에 주목해야 하는 걸까? 그것은 중산층 몰락 현상이 단지 미국에만 국한된 문제가 아니기 때문이다. 다시 말해 미국 중산층 붕괴 현상은 우리가 그저 넋 놓고 강 건너 불 보듯 할 문제가 아니다. 그 원인에는 '전지구화(globalization)'가 도사리고 있기 때문에 진 지구가 이로부터 자유로울 수 없으며 우리 또한 마찬가지다.

미국의 문제는 더 이상 그들만의 문제가 아니라 바로 우리의 문제다. 게다가 대한민국은 어찌 보면 사소한 문제인 주소 체계까지 미국식 도로명 주소로 바꿀 정도로 전 세계에서 둘째가라면 서러운 미국 '따라쟁이'가 아닌가. 미국식 제도로 바꾸어서 좋아진 것들도 있지만, 그 반대의 효과를 낸 사례도 허다하다. 의학 전문 대학원, 법학 전문 대학원이 그 예다. 의학 전문 대학원은 예전의 의과 대학으로 돌아왔지만, 법학 전문 대학원은 여전히 존치하면서 '금수저들만의 잔치'라는 악평을 듣고 있다. 이런 나라에서 하물며 경제 제도는 얼마나 미국을 모방하고 있겠는가.

모든 분야에서 무분별하게 미국을 따라 하는 것은 확실히 장점보다는 폐단이 크다. 게다가 그런 식을 고수하면 미국에서 일어나는 문제점들이 시차를 두고 우리나라에서 거의 복사판처럼 재현된다. 우리나라도 미국에 이어 중산층 붕괴 현상이 일어나고 있는 것이 바로 그 사실을 입증한다. 그럼에도 불구하고 우리나라에서는 아직 미국 중산층 붕괴 현상에 대한 객관적이고 자세한 연구가 부족한 실정이다.

중산층은 그 나라의 허리다. 사람도 허리가 약해지면 몸 전체가 무너지듯이, 중산층이 얇아지면 나라 전체가 무너진다. 그런데 미국이라는 그 큰 나라가 중산층 붕괴로 휘청거리는 모습을 생각해 보라. 극소수만 잘살고 대다수 국민이 빈곤의 나락으로 떨어져 매일매일 살얼음판 디디듯 불안한 나날을 가까스로 넘기는 상황을. 그런 상황이 지속되는 한 국내총생산(GDP) 수치가 높아져봤자, 증시가 활황이어봤자, 주택 가격이 올라봤자 대다수 국민에겐 아무런 의미가 없다. 이것이 미국의 엄연한 현실이며, 이미 우리에게도 닥친 현실이다.

솔직히 미국이 어떻게 되든 말든 우리와 무슨 상관이겠는가? 하지만 미국의 소득과 부의 양극화 현상으로 인한 중산층 붕괴는 우리에게도 이미 닥친 현실이다. 나는 그것을 중단시키지는 못할망정 적어도 연착륙시키겠다는 바람을 갖고 미국 중산층 붕괴 현상을 파헤쳐보기로 했다. 따라서 이 책을 꼼꼼히 읽을 명민한 독자라면 앞으로 전개될 이야기가 곧 우리의 이야기라는 것을 단박에 파악할 수 있으리라.

자, 그럼 이제부터 시작해보자. 우리의 당면 문제와 그 해결의 실마리를 찾기 위해 미국의 문제를 거울삼아보기로 하자. 때로는 상대방을 들여다보면서 나를 더 잘 알 수 있다. 게다가 그 상대방이 우리가 너무 닮고 싶어 안달하는 미국이 아닌가!

PART 3

민주주의 사회에서 귀족제 사회로의 전환

PART 1

무너져 내린 미국 중산층

'나도 부자가 될 수 있다'는 미국인들의 생각은 망상이며,
이제 미국에서 부자 중의 부자가 되려면
부자로 태어나는 길밖에 없다.

– 이매뉴얼 사에즈와 가브리엘 주크먼

chapter 01

벗겨진 신용사회의 허울

프롤로그에서 봤던 와이키키와 몬터레이의 걸인과 노숙자 들은 애초부터 거리에 있었던 사람들이 아니다. 그들 중 대부분은 한때는 어엿한 중산층의 삶을 영위하던 사람들일 가능성이 농후하다. 나는 그 추정의 근거로 미국에서 실직이 곧 빈곤층으로의 여지없는 추락을 의미하기 때문임을 이미 지적했다. 그렇다면 미국 사회에서는 왜 실직이 곧 빈곤층으로의 추락을 의미하는 것일까? 그해답을 미국 특유의 '가불 경제'에서 찾을 수 있다.

미국을 흔히 '신용사회'라 부른다. 이 신용사회에서 가장 중요한 것은 말 그대로 신용 즉 영어로 '크레디트(credit)'다. 그런데 아무리 번지르르하게 갖다 붙여도 미국에서 신용은 곧 '빚(debt)'을 의

미한다. 그래서 미국에서 '신용이 좋다'는 말은 곧 '그가 빚을 끌어다 쓸 수 있는 가능성이 크다'는 것을 말한다.

이것은 미국 전체 경제의 약 3분의 2가 생산이 아니라 소비로 돌아간다는 미국 경제 특유의 사실과 긴밀히 연관된다. 물론 어느 나라나 경제는 소비가 있어야 돌아가는 것이 당연지사다. 그러나 미국 경제의 소비 중심성은 상상 이상이다. 한마디로 그냥 써재끼고 보는 것이 이 나라 경제를 돌아가게 하는 크나큰 원동력이다.

물론 쓸 돈을 쟁여놓은 채 쓸 때 쓰는 것이라면 누가 뭐라 딴죽을 걸랴. 하지만 미국의 가장 큰 문제는 전혀 쟁여놓은 것 없이 소비에 몰두하고 그것을 적극 장려하는 분위기라는 것이다. 이는 나라를 비롯해 주 정부와 지자체 그리고 국민 모두가 가진 경제 습속이다.

사정이 이렇다 보니 그동안 미국인들은 당장 수중에 가진 것이 없어도 나중에 돈 나올 구멍만 있다면, 그 구멍만을 믿고 미리 돈을 당겨쓰는 것이 일상이었다. 그 구멍이라는 것이 자기 직장에서 나올 급여라면, 시쳇말로 '지름신이라도 강림한 듯 일단 지르고' 보는 것이 너무나 자연스러운 수순이었다. 이것이 바로 내가 말하는 가불 경제의 실체다. 오늘 일해 내일 쓰는 것이 아닌 내일, 모레, 글피에 일해 벌 것을 오늘 미리 당겨쓰는 꼴이니, 내가 붙인 가불 경제라는 말이 무리가 아니다.

— 부자는 어떻게 가난을 만드는가

이 가불 경제의 큰 폐단은 그것을 가능하게 만드는 이른바 '구멍'이 막힌다면 큰코다친다는 데 있다. 가불 경제에서는 유사시에 쓸 실탄, 즉 저축이 결여되어 있기 때문에 '구멍'이 막히면 미리 당겨다 쓴 빚을 상환하기가 난감하기 때문이다.

바로 이 때문에 미국에선 웬만큼 큰 부자가 아니고서는 멀쩡했던 중산층조차 실직과 동시에 하루아침에 길거리로 나앉는 신세가 될 공산이 크다. 여태껏 그런 가불 경제로 돌아갔던 나라를 세계에서 중산층이 제일 두텁고 가장 잘사는 나라로 미국 스스로가 한껏 뽐내며 자랑했고, 다른 나라들은 이 속 빈 강정을 한없이 부러워만 했다. 진정한 실상은 모르면서 말이다.

그런데 이제야 비로소 미국인들이 정신을 약간 차린 것일까. 2014년 6월 중순 미국 웰스파고(Wells Fargo) 은행이 실시한 조사에서, 22세에서 33세에 이르는 1600명의 이른바 '밀레니얼 세대'가 10명 중 8명꼴로 "경제적 난관이 닥쳤을 때를 대비해 지금 저축을 해둬야 한다는 뼈아픈 교훈을 2008년 경제 위기에서 얻었다"고 답했다. 〈CNN 머니(CNN money)〉에 따르면 이 조사 대상자에는 1500명의 '베이비붐 세대'(49~59세)도 포함되었는데, 그들 중 약 절반이 향후 은퇴를 대비해 얼마라도 저축을 하고 있다고 답했다고 한다. 다시 말해 이제는 미국인이 저축의 필요성을 절감하고 있는 것으로 보인다. 확실히 시련은 사람을 성숙하게 만

드나 보다.

그러나 오늘날 미국의 경제 상황을 들여다보면 안타깝게도 이런 미국인들의 뼈아픈 각성이 수포로 돌아갈 공산이 크다. 그 첫 번째 이유는 바로 앞서 지적했듯이 미국 경제의 70%가 소비로 돌아간다는 사실에서 비롯된다. 따라서 이제껏 경제를 움직여왔던 관성의 법칙을 유지하기 위해 정부는 계속해서 국민이 돈을 저축하기보다 소비에 몰두하도록 갖은 노력을 경주하며 소비를 독려할 것이 뻔하다.

두 번째 이유는 시민 대다수가 아무리 저축 의지를 활활 불태울지라도 실질적으로 저축할 여력이 별로 없다는 것이다. 기존에 빌린 돈을 갚는 데만도 출혈이 대단한데 어찌 저축할 엄두를 낸단 말인가. 실제로 위의 설문조사에서 밀레니얼 세대 중 40%는 학자금 대출과 신용카드 대금 때문에 밤잠을 설치고 있다고 답했으며, 47%는 월수입의 절반 이상을 빚 갚는 데 할애하고 있다고 응답했다. 이를 두고 〈U.S. 뉴스 앤드 월드 리포트(U.S. News & World Report)〉는 새로운 경제 습속으로 개과천선하려는 미국인의 최대 장애물이 바로 기존에 진 어마어마한 빚이라고 보도했다. 한마디로 예전에 칭송해 마지않던 그 크레디트(신용)가 미국인의 미래를 가로막는 애물단지로 재인식되고 있는 것이다.

마지막 이유로 물가 인상을 꼽을 수 있다. 그나마 푼돈을 아껴

— 부자는 어떻게 가난을 만드는가

저축했다 해도 물가가 올라서 저축의 의미가 사라져버렸기 때문
이다.

결과적으로 중산층의 나라로 소문이 자자했던 지상 최강의 국
가 미국은 더 이상 중산층이 두터운 곳이 아니다. 이제 미국인들
중에서도 누구나 열심히 일하면 중산층이 될 수 있음을 의미하던
'아메리칸 드림'이 정말로 꿈에 불과하다고 말하는 사람이 늘고
있다. 자수성가의 대명사 격이던 미국 중산층이 도대체 어느 정도
나 망가졌기에, 신용이라는 허울로 빚더미라는 실체를 가려온 중
산층의 진짜 몰골이 얼마나 처참하기에 더 이상 미국을 중산층의
나라라고 부를 수 없게 되었을까.

다운턴 애비 경제

요새 미국의 지식인들 사이에서 '다운턴 애비 경제(Downton Abbey economy)'라는 말이 자주 언급되고 있다. 1920년대 영국의 어느 귀족 가문을 배경으로 한 영국 드라마 〈다운턴 애비〉에서 유래된 신조어인데, 드라마를 거의 보지 않는 나도 '다운턴 애비 경제'라는 용어 때문에 그 드라마를 눈여겨본 적이 있다.

그렇다면 '다운턴 애비 경제'란 무엇을 말하는가? 그것은 현재 미국 중산층의 생활상이 드라마 〈다운턴 애비〉에 나오는 하인들의 삶과 견주어볼 때 더 나을 것이 없다는 뜻을 담고 있다. 미국 전 재무부 장관 로런스 서머스(Lawrence Summers)가 2014년 1월 〈파이낸셜 타임스(Financial Times)〉에 기고한 「다운턴 애비 경제로 향하는 미국의 위험」이라는 칼럼에서 처음 그 용어를 쓴 것으로 알려져 있다. 그 이후 〈월 스트리트 저널(Wall Street Journal)〉, 금융 전문 미디어 〈마켓워치(Marketwatch)〉 등과 데이비스 캘리포니아 대학 경제학과 교수 피터 린더트(Peter Lindert)도 이 용어를 사용해 미국 중산층의 몰락을 분석한 바 있다.

'다운턴 애비 경제'가 무엇이며, 현재 미국 중산층이 왜 드라마 〈다운턴 애비〉 속의 하인들보다 못한 처지에 놓여 있는지를 가늠할 수 있는 〈마켓워치〉의 2014년 3월 2일자 기사 「다운턴 애비의 하인들이 당신보다 더 나은 열 가지 이유(10 ways 'Downton Abbey' servants had it better than you)」를 요약하면 다음과 같다.

첫째, 하인들은 평생직장을 가지고 있다.

둘째, 그들의 일은 절대로 외주화될 수 없다.

셋째, 그들의 상사가 당신의 상사보다 나이스하다.

넷째, 그들은 출퇴근을 위해 시간과 돈을 낭비할 필요가 없다.

다섯째, 그들은 매일 '집밥'을 먹는다.

여섯째, 그들은 아름다운 환경에서 일한다.

일곱째, 그들은 숙박 시설을 공짜로 사용한다.

여덟째, 그들이 대하는 손님이 당신이 대하는 고객보다 더 좋은 사람이다.

아홉째, 그들은 구질구질한 잔소리를 들을 필요가 없다.

열째, 그들은 복잡한 서류 작업을 할 필요가 없다.

현재의 미국 중산층은 1세기 전 영국 하인들의 환경과 정확히 반대 상황에 놓여 빚의 노예로 살아가다 보니 그들을 부러워할 수밖에 없다. 천하의 미국 중산층을 1920년대 영국 귀족의 집에서 허드렛일이나 하던 하인들과 비교한다는 것 자체가 놀랍고 민망스러운 일인데, 심지어 그들보다 못한 처지라니…….

린더트 교수는 〈마켓워치〉 기자에게 보낸 이메일에서 이렇게 말했다. "드라마의 배경인 1920년대 영국의 다운턴 애비가 현재의 미국보다 경제적으로 덜 불평등하다." 그러면서 그는 지니계수 (Gini's coefficient)도 현재의 미국이 드라마 속 다운턴 애비와 비슷하거나 심지어 더 높을 수도 있다고 지적했다. 지니계수란 소득 불평등을 측정하는 매우 중요한 지표 중 하나로, 주로 소득 대비 식비가 차지하는 비중을 나타낸다. 따라서 특별한 경우를 제외하고는 지니계수가 높을수록 생계유지가 힘들다는 의미다. (계층 간의 소득 불평등에 대해서는 추후에 논할 기회가 있을 것이므로 여기서는 단지 미국 중산층이 지금 얼마나 힘든 삶을 살고 있는지를 추정할 수 있는 전체적인 그림만을 제시하겠다.)

〈마켓워치〉는 결론적으로 "미국인 절반이 그 드라마의 등장인

— 부자는 어떻게 가난을 만드는가

물인 부엌데기 데이지나 집사 토머스 그 이상 그 이하도 아닌 삶을 살고 있는 꼴"이라면서, "(미국 중산층이나 영국 하인들이나) 그들 모두 결국 자신의 것은 아무것도 없는 빈털터리"라고 기사를 마무리했다.

〈마켓워치〉의 지적은 과장일까 아닐까. 불행히도 과장이 아니라는 근거들이 속속 제시되고 있다. 과연 미국 중산층은 어느 정도나 빈털터리가 되었단 말인가. 2014년 1월 시사지 〈타임(Time)〉은 "거의 절반에 이르는 미국인이 하루 벌어 하루 먹고사는 하루살이 인생"을 살고 있다고 밝혔다. 이어서 미국기업개발공사(CFED: Corporation for Enterprise Development)의 보고서를 인용해, 이 절반에 이르는 사람들이 "당장의 생존 때문에 미래를 위한 계획은 감히 엄두도 낼 수 없는, 지속적으로 경제적 안정을 꾀해야 하는 상태"에 처해 있다면서 바로 이들이 유동자산(Liquid Asset), 즉 단기간 안에 현금으로 바꿀 수 있는 자산 평가에서 '열악(Poor)' 등급을 받았다고 전했다.

그렇다면 나머지 절반의 삶은 좀 더 나을까?

안타깝게도 전혀 그렇지 않다. 나머지 절반의 대부분 즉 미국인 전체의 44%가 4인 가족을 둔 가구당 평균 유동자산이 5887달러(한화로 1인당 약 180만 원)로 나타났는데, 그 정도 돈으로는 불의의 사고나 재난을 당했을 때 대처가 불가능하다. 이처럼 재정 불안 상태는 단지 저소득층에만 해당되는 문제가 아닌 것이다. CFED는 중산층 가구의 25%도 유동자산 열악 등급에 속한다고 보고했다.

현재 미국에서 경제적 여유를 가지고 사는 이들은 전체 인구의 5%도 안 되며, 나머지 중 과거에 중산층이라고 간주되던 사람들 거의 대부분은 긴급 상황에서는 어찌할 도리가 없는, 즉 수중에 돈 한 푼 없는 처지로 전락했다. 설사 얼마간의 여유 자금을 비축해두고 있다 하더라도 가진 것이 거의 없는 저소득층과 별반 차이가 없는 것이 바로 지금 미국 중산층의 현주소다. 〈타임〉은 미국 전체 주에서 주로 남부와 서부에 속한 조지아, 미시시피, 앨라배마, 네바다, 아칸소 주 등의 시민이 이러한 재정 불안에 극심하게 시달리고 있다고 전했다.

미국사회보장국(SSA)이 2013년 11월 초에 내놓은 분석에 의하면, 미국인 중 연봉이 3만 달러(약 3600만 원)인 자는 전체 미국인의 53.2%보다 많이 버는 사람이다. 돌려 말하자면, 현재 미국 시민의 평균 소득이 이 정도라는 말이다.

그런데 미국보건복지부(HHS)의 '연방 정부 빈곤선 가이드라인'을 보면 2012년 4인 가족 가구의 빈곤을 가르는 가구 소득은 2만 7010달러(약 3240만 원)다(2015년에는 2만 8410달러). 이것은 무엇을 말하는가? 미국인의 절반 가까운 사람들이 현재 연방 정부가 정한 빈곤선 이하의 소득으로 살아간다는 이야기다. 그보다

— 부자는 어떻게 가난을 만드는가

한 단계 아래의 소득 연 1만 5000달러(약 1800만 원)를 버는 자들은 일주일에 40시간 일하는 최저임금을 받는 사람들로서 미국인 32.2%보다 수입이 많다. 이런 정도의 일자리만이라도 있었으면 하고 바라는 것이 현재의 미국이다. 이런 사실 때문에 〈허핑턴 포스트(Huffington Post)〉는 2013년 11월 6일자 기사("Everyone In America Is Even More Broke Than You Think")에서 극히 일부를 제외한 미국인 대부분이 흔히 생각하는 것보다 훨씬 더 엉망진창이 되었다고 한탄한 것이다.

노스탤지어에 빠진 미국 중산층

누구나 지나간 시절을 그리워한다. 그래서 가수 이선희의 노래 〈아! 옛날이여〉가 한때 인기를 끌었는지도 모른다. 요즘 그 '옛날' 을 특히도 그리워하는 나라가 있다. 바로 미국이다. 내가 이런 이 야기를 하면 "무슨 귀신 씻나락 까먹는 소리야" 하고 어깃장을 놓 으려는 사람들도 있을 것이다. 특히 미국에 대해 좋은 인상을 가 진 한국인들이 더 그럴 것이다.

그러나 상황은 급변했다. 특히 2000년대 들어 미국의 모습은 예 전의 미국이 결코 아니다. 하지만 안타깝게도 사람의 생각과 입장 은 쉽게 달라지지 않는다는 것이 우리나라 사람들의 미국관에서 도 드러난다. 특히 나이를 먹으면 먹을수록 그런 성향은 '외고집'

으로 바뀌고 남산 위의 푸르른 소나무(?)처럼 더욱더 확신은 깊어진다. 자기가 듣고 싶은 것만 듣고 다른 것은 절대로 들으려 하지 않는 것이다. 그런데 그런 현상이 아무리 자연스러운 것이라고 인정한다 해도 이제는 정확하게 미국의 현실을 바라볼 때가 되었다. 특히 변화하는 미국의 현장 한가운데 서서 비교적 객관적인 입장에서 학문적으로 접근하려는 지식인들의 이야기에 마음을 열어주었으면 한다.

본론으로 들어가보자. 과연 미국은 예전의 미국이 아닐까? 먼저 우리나라 사람들이 그토록 좋아라 하는 하버드 대학 경제학과 교수의 말을 옮겨보겠다. 오랫동안 미국의 경제 불평등과 저소득층 빈곤 문제에 천착해온 로런스 카츠(Lawrence Katz)는 2014년 4월 〈뉴욕 타임스〉와의 인터뷰에서 다음과 같이 말했다.

"미국 중산층이 세계 다른 나라 중산층보다 소득이 더 많다는 것은 더 이상 사실이 아니다. 물론 1960년대 미국 중산층은 그 어느 나라 중산층도 넘보지 못할 정도로 엄청나게(massively) 부유했다. 1980년대에도 다른 나라 중산층보다 소득이 많았고, 1990년대까지도 그럭저럭 우위를 지켰다. 그러나 이제는 더 이상 아니다."

카츠의 말은 엄살이 아니다. 그는 룩셈부르크 소득연구소(Luxembourg Income Study) 자료에 의거해 그렇게 말한 것이었다. 그

자료에 따르면, 2010년 한 해 미국인들의 세후 1인당 중간소득(median per capita income after taxes)은 1만 8700달러(약 2160만 원)다. 월평균 180만 원꼴이다. 이 중간소득은 1980년대 이후 약 20%가 상승한 것이지만, 물가 상승률을 감안하면 2000년 이후 사실상 아무런 변화가 없는 것이다.

　미국에 인접해 매번 미국과 비교당하면서 체면을 구기기만 했던 캐나다는 2000년 이전에는 확실히 세후 1인당 중간소득이 미국에 뒤졌으나 2000~2010년에는 19.7%나 증가해 미국과 같은 1만 8700달러가 되었으며, 2010년 이후에는 미국을 추월하기까지 했다. 영국과 네덜란드도 1인당 중간소득이 2000~2010년에 각각 19.7%, 13.9% 증가했다. 더 심각한 것은 중산층만 그런 것이 아니라는 점이다. 미국의 저소득층도 유럽 대부분 국가의 저소득층보다 소득이 훨씬 적은 것으로 나타났다. 예를 들면 2010년의 경우 하위 20%에 속한 소득 계층의 중간소득은 네덜란드와 캐나다가 미국보다 각각 15% 더 높았다.

　〈뉴욕 타임스〉는 "미국, 선두 자리를 내놓다"라는 제목의 기획 기사에서 미국과 영국 등 선진국을 포함한 총 21개국을 비교해 각 소득 계층별 최고 소득 국가가 어디인지를 도표로 요약했다. 그 도표를 보면 미국 중산층의 삶의 질이 1980년 이후 얼마나 추락했는가를 한눈에 알아볼 수 있다. 도표에 따르면 1980년

　　　　　　　　　　　　　　　　— 부자는 어떻게 가난을 만드는가

만 해도 미국의 세후소득은 하위 5%의 저소득층만 노르웨이에 뒤질 뿐 그 외 모든 계층에서 전 세계를 압도했었다. 또 1988~2000년에는 하위 40% 이상의 계층에서 미국이 톱 클래스였다. 그러나 2004~2008년에는 겨우 중간소득 계층 이상만 미국이 우위를 점하고 그 이하 계층의 소득은 노르웨이, 네덜란드 그리고 캐나다에 선두 자리를 내주었다. 마침내 2010년이 되자 상위 40% 소득 계층만 전 세계 1위를 차지하고 중간소득 계층은 캐나다와 동률, 그 이하 저소득층은 캐나다와 네덜란드에게 밀렸다.

그렇다면 룩셈부르크 소득연구소만 이런 분석을 내놓았을까? 아니다. 여론조사 기관 갤럽은 2013년 12월 그보다 더 민망한 조사 결과를 내놓았다. 각 나라별 성인 2000명씩을 대상으로 세전 월 총소득을 물은 결과, 1인당 중간소득 및 가구당 중간소득에서 미국은 각각 1만 5480달러와 4만 3585달러로 집계돼 두 분야 모두 상위 10개국 중 6위를 차지했다. 1인당 중간소득은 노르웨이가, 가구당 중간소득은 룩셈부르크가 1위를 차지했다. 갤럽의 설문 조사가 더 형편없는 성적표를 보여준 셈이다.

이 모든 조사 결과를 종합해보면 재정 위기로 몸살을 앓는 그리스와 포르투갈 등 몇몇 나라를 빼고 대부분의 유럽 국가 중산층 소득이 미국 중산층의 그것을 훨씬 앞섰음을 알 수 있다. 이처럼 풍요의 상징이었던 미국 중산층이 2000년대 후반에 접어들면서

| 2000~2010년 국가별 중간소득 증가율 |

국가	증가율
영국	19.7%
캐나다	19.7%
아일랜드	16.2%
네덜란드	13.9%
스페인	4.1%
독일	1.4%
미국	0.3%

자료 : 룩셈부르크 소득연구소, 출처 : 〈뉴욕 타임스〉

— 부자는 어떻게 가난을 만드는가

세계 1위의 '부유한 중산층' 자리를 내준 것은 여러 통계와 수치로 확인된다. 이유는 무엇일까.

이는 물론 미국 중산층의 소득 정체 혹은 실질적인 감소 때문에 벌어진 일이다. 이와 관련해, 브루킹스 연구소(Brookings Institute) 조세정책센터장인 레너드 버먼(Leonard Burman)은 상원 위원회에 나가 "30여 년 넘게 지속된 소득의 정체로 미국 중산층과 저소득층의 목이 점점 더 죄어들고 있는 형국이며 앞으로도 전혀 나아질 기미가 보이지 않는다"고 증언했다고 〈로스앤젤레스 타임스(Los Angeles Times)〉가 2014년 3월 보도했다. 또 룩셈부르크 소득연구소 설립자인 매디슨 위스콘신 대학의 경제학자 티머시 스미딩(Timothy Smeeding)도 러셀세이지 재단(Russell Sage Foundation) 보고서에서 2008년 금융 위기로 인한 경기 침체가 미국 중산층을 괴멸시키는 직접적인 계기가 되었음을 재확인해주었다.

마지막으로, 최근 화제의 인물인 토마 피케티(Thomas Piketty)의 확인 사실도 있었다. 피케티는 세금 기록을 분석한 결과, 미국 전체 인구의 상위 10%를 제외한 나머지 90%의 평균 소득이 더 이상 전 세계에서 가장 높지 않다고 쐐기를 박았다. 이래저래 미국 중산층의 체면은 대외적으로도 구겨진 것이 확실하다. 그래서 그들이 옛날을 그리워하며 노스탤지어에 빠질 수밖에 없는 것이다.

chapter 04

'3포 세대'의 결혼 조건

우리 한국인에게 결혼은 사람으로 태어나면 누구나 한 번쯤은 겪을 법한 인륜지대사다. 그렇다면 미국인들에게 결혼은 어떤 의미일까? 결혼 이외에도 다양한 형태의 성적 결합이 존재하는 미국이니 그곳에서 결혼이 대수냐고 말할 수도 있겠다. 하지만 미국에서도 결혼은 '대수'다. 심지어 동성애 커플들도 자신들의 성적 결합을 결혼 제도 속에 집어넣고 싶어 투쟁하고 있는 것을 보자면, 미국에서도 결혼 제도는 아직 대세다.

요즘 미국 청년들이 내세우는 결혼의 조건은 무엇일까? 잠시 영화 이야기를 해보자. 1970년에 만들어진 〈러브 스토리〉다. 명문가 출신의 하버드대생 올리버와 이탈리아계 노동자 계층 출신의 여대생 제니퍼의 사랑 이야기는 프랑시스 레(Francis Lai)의 음악과 함께 어우러져 많은 사람의 심금을 울렸다. '엄친아' 올리버는 여자의 집안이 별 볼 일 없다며 반대하는 부모와 의절까지 하면서 제니퍼와 결혼하지만, 그녀가 불치병에 걸려 그들의 사랑은 결국 사별로 끝난다. 새삼 이 영화를 들먹이는 이유는, 오늘날 미국 젊은이들도 과연 부모와 의절까지 하면서 사랑하는 사람과의 결혼을 택할 수 있을까 의문이 들기 때문이다.

근대화와 서구화의 물결 이후 전 세계 대부분의 나라에서 결혼의 제1조건은 사랑이 되었다. 사회학자 앤서니 기든스(Anthony Giddens)는 이를 '로맨틱 러브'의 등장이라고 불렀다. 근대화 이후 사람들은 '사랑' 하면 바닷가나 달빛이 비치는 호숫가에서 나누는 달콤한 키스 같은 애정 행위나 요샛말로 '케미'라고 하는 남녀 간의 교감을 주로 떠올리게 되었지, 사랑하는 사람과의 결혼에 따르는 의무 즉 출산과 육아 등 현실적인 문제에 대해서는 별 고민을 하지 않게 되었다는 말이다. 내가 보기에 그렇게 된 주요 이유는 근대화가 가져온 경제적 번영 덕분이다. 일단 배가 불러야 (배고픔이 사라져야) 낭만적 사랑을 꿈꿀 수 있는 것 아닌가.

〈러브 스토리〉의 주인공 올리버가 부모와 의절하고 결혼을 감행할 수 있었던 것도 어찌 보면 당시 미국의 경제적 번영 덕분이다. 그때 미국은 독보적인 세계 최강국이었기에 청년 올리버는 부모의 도움 없이도 혼자서 결혼 생활을 꾸려나갈 자신이 있었을 것이다. 신분과 환경의 차이를 극복하고 제니퍼를 선택한 올리버의 멋진 결단을 이런 식으로 과소평가한다는 비난을 받더라도 어쩔 수 없다. 원래 사회학자라는 사람들이 하는 일이라는 게 이렇게 뒤에서 구시렁대는 것이니까.

어쨌거나 〈러브 스토리〉가 그 시대 청년들의 깊은 공감을 산 것은 당시 시대상을 반영했기 때문임을 부인할 수 없다. 그야말로 그 영화로 인해 미국에서 '로맨틱 러브'의 서막이 오른 것이다.

그렇다면 지금의 미국도 사정이 같을까? 많이 달라졌다는 정황이 여기저기서 포착되고 있다. 요즘에는 미국 청년들도 대한민국 청년들처럼 스스로를 연애, 결혼, 출산을 포기한 '3포 세대'라고 자조적으로 말한다. 미국 교포 사회에서는 이런 말이 들린다고 한다. 예전에는 결혼 상대를 고를 때 부모의 직업이나 경제력, 당사자의 학벌이나 직업 등을 고려했지만, 요즘에는 그저 '빚이 없는 사람'인지를 알아본다고. 구체적으로 말해 학자금 대출이 없는 사람이 결혼 상대자 1순위가 되었다고 한다.

이런 현상은 교포 사회뿐 아니라 미국 사회 전체의 일반적인 현상이라고 말해도 무리가 아니다. 미국공인회계사협회(AICPA)가 2014년 실시한 설문 조사에서 학자금 부채를 갚기 위해 결혼을 연기했다는 응답자가 15%에 달했다. 이를 두고 〈뉴욕 타임스〉의 칼럼니스트 찰스 블로(Charles Blow)는 "학자금 부채가 현재 결혼에 지대한 영향을 미치고 있다"고 한마디로 요약했다.

어쩌다가 학자금 부채가 결혼의 최대 난관이 된 것일까? 미국 경제가 좋았던 예전에는 학자금 부채 따위는 아무 문제가 아니었다. 그런 빚은 다들 지고 있었고 졸업하면 별 어려움 없이 취직해 몇 년에 걸쳐 조금씩 나눠 갚으면 그만이었다. 그러나 지금은 상황이 다르다. 졸업을 해도 취직이 안 되고 운 좋게 취직을 해도 언제 잘릴지 모르는 일이다. 형편이 이렇다 보니 학자금 부채는 평생을 옭아매는 짐이 되기도 한다.

사회 초년병들이 빚이라는 무거운 짐을 안고 사회에 첫발을 내딛게 되었을 때 느낄 불안을 짐작해보라. 설상가상으로 배우자가 진 빚까지 떠안게 되는 상황은 상상만 해도 악몽일 것이다. 그래서 결혼 상대자 1순위로 빚이 없는 사람이 거론되는 실정이다. 심각한 경제 불황 앞에서 그 위풍당당하던 '로맨틱 러브'도 꼬리를 내리고 있다. 다시 말해, 이제 미국은 사랑을 지상 최고의 가치로 여기는 올리버가 더 이상 나오기 힘든 세상이 되었다.

미국에 내가 아는 한인 치과 의사 A가 있다. 캘리포니아 주에 소재한 유명 대학 두 곳에서 치의예과 과정을 마친 A는 로스앤젤레스의 한 치과 병원에서 월급쟁이 의사로 있다가 같은 주의 D 시에 있는 정부 운영 비영리 보건 진료소로 일터를 옮겼다. D 시는 로스앤젤레스나 샌프란시스코 같은 대도시에 비하면 시골이어서 보건소가 그 지역 의료 서비스를 전담한다고 해도 과언이 아니다.

로스앤젤레스가 본거지였던 A가 왜 그런 시골에 둥지를 튼 것일까? 바로 학자금 부채 때문이었다. 그는 대학에 다니면서 총 25만 달러(약 3억 원)를 융자받았다. D 시로 옮기기 전에도 월급 의사로 있으면서 허리띠를 졸라매며 매달 그 빚을 갚았지만, 금융 위기가 터지면서 병원들도 고전하기 시작하자 월급이나 제대로 받을 수 있을지 걱정하는 지경에까지 이르렀다. 그가 진 빚은 학자금 부채만이 아니었지만(자동차나 주거 비용 관련 부채까지 합하면 산더미 같았다), 우선 그것에서만이라도 벗어나고 싶다는 심정이 굴뚝같았다. 게다가 로스앤젤레스는 한인 의사들까지 포화 상태여서 갈수록 치열해지는 경쟁으로 인해 직장 안정성이 크게 흔들렸다. 그리하여 로스앤젤레스가 아닌 다른 곳으로 눈을 돌리게 된 것이다.

A가 새로운 직장을 구할 때 가장 염두에 둔 것은 학자금 부채를 얼마나 빨리 상환할 수 있느냐는 것이었다. 그는 하루라도 빨리 그 빚으로부터 벗어나고 싶었다. 그러려면 직장이 안정적이어야 하고 보수가 높아야 했다. 물론 보건소 월급이 대도시의 잘나가는 대형 병원보다야 훨씬 못한 것이 사실이지만 보건소가 내건 조건은 A를 확 사로잡았다. 정규 보수 외에 학자금 빚을 갚아주겠다는

— 부자는 어떻게 가난을 만드는가

조건을 내걸었기 때문이다. 실제로 그는 일한 지 1년도 채 안 돼 학자금 부채 중 5만 달러를 갚을 수 있었다. 그로서는 단기간 내에 어마어마한 부채의 짐에서 일부를 덜어낼 수 있었던 것이다. 따지고 보면 보건소는 학자금 부채 상환이라는 조건을 내걸고 의사들에게 저렴한 급료를 주는 방법을 쓴 것이지만, 어쨌든 A는 D 시의 보건소로 옮긴 것을 매우 잘한 선택이라고 생각하고 있다.

전문직인 치과의사의 사정이 이와 같다면 나머지 미국 대졸 젊은이들의 상황은 어떻겠는가. 학자금 부채가 그들의 가장 큰 현안임을 짐작하고도 남는다. 그러니 그들이 결혼할 기회가 생겼을 때 제일 먼저 고려하는 것이 상대방의 빚이라는 것이 충분히 이해되고도 남는다.

chapter 05

미국 청년의 굴욕, 캥거루족

어쩌다가 미국은 더 이상 올리버가 나오기 힘든 세상이 되었을까?

간단히 말하자면 영화 〈러브 스토리〉의 시대적 배경인 1960~1970년대에는 대학 등록금이 학생들에게 큰 부담이 되지 않는 수준이었지만, 지금은 상황이 달라도 너무 다르기 때문이다. 당시에도 사립대학이 있었으나 지금처럼 터무니없이 비싸지 않았으며, 특히 중산층이 가는 공립대학인 주립대학 대부분은 학비가 무료였다.

서부의 명문 버클리 캘리포니아 주립대학을 예로 들어보겠다.

1960년대에 이 대학은 등록금이 무료로, 그야말로 공립대학의 건립 취지에 걸맞게 운영되었다. 1970년대의 등록금은 현재 화폐 가치로 계산해 약 700달러(약 84만 원)였다. 그러나 2013년 현재는 1년치 등록금이 약 1만 3000달러(기숙사비 등까지 포함하면 약 3만 5000달러)다. 이것도 같은 주 출신 학생에게만 해당되는 금액이고, 타주나 해외에서 온 유학생은 등록금을 더 낸다(약 2만 3000달러가 추가된다). 캘리포니아 주립대 전체 캠퍼스에서 타주 출신 학생 비율은 평균 15.5%이지만, 버클리 캠퍼스만 따진다면 무려 29%까지 치솟는다. 이제는 입학 사정 때 타주 출신 혹은 장학금 신청을 애초에 하지 않는 학생을 우선적으로 선발한다는 이야기도 공공연히 흘러나온다.

지난 30년 동안 미국의 가계소득은 더 떨어졌지만 대학 등록금은 크게 올랐다. 4년제 주립대를 포함한 공립대가 평균 3.3배, 4년제 사립대는 평균 2.5배 올랐다. 그러니 학생들이 학자금을 위해 빚을 질 수밖에 없지 않겠는가. 블룸버그 통신에 따르면 2014년 2분기(4~6월) 현재 학자금 융자 총액은 1조 3000억 달러인데 그중 연방 정부가 빌려준 것이 1조 800억 달러에 이른다.

연준 뉴욕 지부가 2014년 1월 초 펴낸 보고서에 따르면 2012년 현재 미국 대학 졸업자의 70%가 학자금 대출을 받았다. 평균 대출액은 1인당 2만 9400달러로 전년도 2만 6000달러에서 13% 증가했다. 미국의 대학 입시 전문 정보업체 카펙스(Cappex)가 2016

—— 캘리포니아 주립대학 이사회가 2015년부터 향후 5년 동안 총 28% 등록금을 인상하기로 결정한 데 대해 학생들이 격렬한 반대 시위를 벌이고 있다. 이 인상안이 시행되면 5년 뒤 연간 평균 등록금은 캘리포니아 주 학생의 경우 1만 5564달러, 타주 학생의 경우 4만 4766달러가 된다. 재정난에 빠진 캘리포니아 대학은 훨씬 비싼 등록금을 내는 타 주 출신 학생의 입학 비중을 계속해서 높이는 꼼수를 부리고 있다. 이런 경향은 미국 전체 공립대학에서 일반화되고 있다.

년 5월 조사한 바로는 올해 전체 졸업 예정자 중 7할이 평균 3만 7173달러, 한화로 약 4500만 원의 빚을 떠안고 대학교 문을 나선다. 빚을 진 졸업생들의 수와 부채 액수가 줄어들기는커녕 갈수록 증가하고 있는 것이다.

앞에서 말했듯, 대학을 졸업하고 취직이라도 되면 빚을 갚을 수 있겠지만 취업 상황 역시 최악이다. 연준 뉴욕 지부 보고서를 보면 22~27세 미국 대졸자의 2013년 실업률은 6%다. 그 정도면 괜찮지 않나라는 생각이 먼저 들 것이다. 그러나 같은 보고서의 불완전고용률(underemployment rate) 수치를 들여다보면 실업률 6%가 허수임을 알아차릴 수 있다. 같은 연령대의 대졸자 불완전고용률이 2001년에는 34%였으나 그 한 해 뒤인 2012년에는 44%로 껑충 뛰었다. 이는 실업률에 잡히지는 않으나 임시직을 전전하는 사실상 실업 상태인 대졸자 청년 수가 대폭 늘었다는 말이다. 게다가 일자리를 찾다가 지쳐 아예 구직을 단념한 대졸자 청년들도 실업률에 잡히지 않기는 마찬가지다. 완전고용 형태로 취업한 대졸자 청년들 중에서도 대학 졸업장이 필요 없는 바텐더나 소매업 점원 같은 저임금노동 종사자가 압도적으로 많았다. (이런 실상을 감안하면, 2013년 11월 미국 정부가 발표한 실업률 7%도 얼마나 허무맹랑한 수치인지 감을 잡을 수 있을 것이다.) 한마디로 말해 요즘 미국에서 일의 성격이나 보수 면에서 대졸자들에게 합당한 일자리는 씨가 말랐다고 해도 과언이 아니다.

취업 정보업체 애프터칼리지(AfterCollege)가 2014년 대학 졸업 시즌을 앞둔 2월 말에서 4월 중순에 미국 대학생과 졸업생 1500명을 대상으로 조사한 취업 현황 결과만 보더라도, 요즘 대졸자 취업 상황이 최악임을 단박에 알 수 있다. 졸업을 앞둔 4학년 학생의 83.4%가 "졸업 후 직장이 없다"고 답했다(전년도에는 80%). 전년도 대학 졸업자 중 미취업 상태인 사람도 무려 76.3%였다. 경영 컨설팅업체 '액센추어(Accenture)'도 2014년 대졸 예정자의 11%만이 졸업 2개월 전에 직장을 잡았다는 유사한 결과를 발표했다.

이러니 대졸자 청년들이 학자금 대출 상환에 어려움을 겪을 수밖에 없다. 오바마 대통령은 2014년 6월 그 부담을 덜어주겠다며 '버는 만큼만 갚기(Pay As You Earn)' 프로그램을 시행했다. 상환 한도를 월 소득 10%로 제한하고 상환 기간도 20년을 늘리는 것이 골자다. 그러나 이는 겉으로만 청년들을 위하는 조치처럼 보일 뿐 실은 미국 경제를 돌게 하기 위한 얄팍한 수법임을 웬만한 이들은 다 안다. 왕성한 소비 세대인 청년들을 소비 시장으로 끌어들이기 위한 전략으로 청년들로 하여금 계속해서 빚을 지라는 말과 진배없다. 문제는 이것이 간파되었든 아니든 상관없이 요즘 미국 청년들은 더 이상 학자금 대출을 감당할 수 없는 상황에 내몰렸다는 것이다. 그들의 반응은 여러 가지로 나타나고 있다.

— 부자는 어떻게 가난을 만드는가

그 하나는 대학 등록금이 무서워서 아예 대학을 안 가거나 중도에 포기하는 것이다. 아니면 학비가 매우 저렴한 2년제 공립학교인 커뮤니티 칼리지를 택한다. 우리 식으로 치면 대학도 아닌 이곳 진학률이 2013~2014년에 34%로 치솟아 7년 만에 최고치를 기록했다고 〈월 스트리트 저널〉이 보도했다.

　2008년 금융 위기 이후 주 재정이 고갈되어 주립대학 지원금이 대폭 감소하자 각 주의 주립대학은 공립대학의 본분을 망각하고 등록금을 대폭 인상하는 자구책을 썼다. 대표적인 예가 캘리포니아 주립대학으로, 이 학교의 등록금 인상 폭은 상상을 초월한다. 2009년 가을 이 대학 이사회는 재정난 타개를 위해 등록금을 32% 전격 인상했다. 이미 그해 봄 9.3%를 인상한 뒤 1학기 만의 인상이라 학생들의 충격은 이루 말할 수 없었다. 그러나 이것은 단지 시작에 불과했다. 2015년부터 향후 5년간 매년 5%씩 등록금을 인상할 것이라는 계획도 발표했다. 이에 학생들은 20~30년 전 우리나라 대학생들처럼 대학 본부 점거 농성을 하고 인간 바리케이드를 만들어 격렬히 저항했다. 미국에서 대학생들이 이런 과격한 데모를 하다니 상상이나 할 수 있겠는가. 그 정도로 요즘 미국 대학생들의 등록금 부담이 큰 것이다.

　등록금 대출과 극심한 청년 실업의 여파는 미국의 전통문화까지 갈아치우는 결과를 낳았다. 다시 말해 미국 청년들은 고등학교만 졸업하면 부모로부터 독립한다는 것도 옛말이 되었다. 애리조나 대학이 전미재무교육단(NEFE)과 함께 실시한 연구 조사를 보면 대학 졸업 후 2년이 지난 대졸자 절반이 아직도 경제적으로 부모에게 의존하고 있다. 심지어 정규직이라 해도 보수가 쥐꼬리만 해 부모에게 손을 벌리고 있다.

〈월 스트리트 저널〉의 2016년 5월 기사에 따르면 이런 현상이 미국에서 보편적으로 굳어져가고 있다. 이 기사는 2014년 현재 18~34세의 미국 청년층(이른바 밀레니얼 세대) 중 32.1%가 부모 집에서 기거하는 것으로 나타났다는 퓨리서치 센터(PewResearch Center)의 조사 결과를 인용했다. 그래서 이 기사의 제목은 「많은 젊은이는 낭만적인 짝보다 부모와 같이 산다(More Young Adults Living With Parents Than a Romantic Partner)」다. 부모와 함께 사는 미국 청년의 비율이 32.1%로 나타난 것은 1940년대에 35%를 기록한 이래 70년 만에 가장 높은 수치이며, 이는 결혼 혹은 동거의 형태로 독립해 나가 사는 청년의 비율(31.6%)을 미국 역사상 136년 만에 처음으로 앞지른 수치이기도 하다. 〈USA 투데이(USA Today)〉는 2016년 6월 학자금 부채 문제를 다루면서 청년들에게 다음과 같이 조언했다. "졸업 후 몇 년 동안 부모 혹은 친척 집에서 빈대처럼 빌붙어 사는 것을 전혀 부끄러워하지 마라." 이렇듯 결혼과 연애를 포기하고 부모와 함께 사는 캥거루족은 우리나라

— 부자는 어떻게 가난을 만드는가

에만 있는 것이 아니며, 미국 대졸자 청년들을 캥거루족 및 3포 세대로 만드는 원흉은 바로 실업과 학자금 대출 빚이다.

내가 미국의 청년 문제를 깊이 들여다본 이유는 미국 중산층 붕괴를 살펴볼 때 이들 청년들의 삶이 중요한 잣대로 작용할 수 있기 때문이다. 청년들은 연령으로만 보면 국가의 허리이자 상체를 뒷받침하는 아랫도리다. 그들이 무너져 좌절감에 짓눌려 있다면 중산층의 현재는 물론이거니와 미래도 기대할 수 없다. 지금 우리는 그것을 명징하게 목도하고 있다.

chapter 06

근로소득 통계로 본 미국의 민낯

이번 장을 비롯해 몇 장에 걸쳐 중산층 붕괴 현상과 긴밀히 맞물려 있는 최상층의 이야기를 살펴보기로 한다. 이름하여 불평등의 심화 이야기다. 앞에서 보았듯 미국 중산층은 몰락에 몰락을 거듭하여 미국은 이른바 세계 제1의 중산층 국가라는 명예로운 칭호를 박탈당하는 지경에 이르렀다. 그러나 미국의 상위층, 그것도 최상위층의 사정은 전보다 더 나아지고 있는 정황이 다양한 통계와 수치로 확인되고 있다. 중산층 이하의 서민은 죽을 쑤고 있는 동안 최상위층은 승전가를 부르고 있는 것이다. 어찌 된 일일까? 그 이유는 이 책 후반부에서 다루기로 하고 여기서는 일단 양극화의 심화 정도가 어느 정도인지를 알아보자.

우리에겐 레드 삭스(Red Sox) 야구팀으로 유명한 미국 보스턴은 '미국의 정신(The Spirit of America)'이라는 별명을 가진 매사추세츠 주의 심장답게 아주 멋들어진 곳이다. 역사가 짧은 미국이라는 나라에서 보스턴은 특이하게도 전통과 현대가 잘 어우러진 도시다. 그만큼 고풍스럽고 웅장한 주택들이 즐비하고, 따라서 주택 가격도 미국 내에서 비싸기로 유명하다.

그런데 재작년에 보스턴의 유력 일간지 〈보스턴 글로브(Boston Globe)〉는 보스턴의 모든 주택을 모조리 사들일 수 있는 돈을 빌 게이츠가 가지고 있다는 보도를 했다. 당시 그의 추정 재산은 총 784억 달러(한화로 약 94조 원), 이 돈이면 총 11만 4212채의 보스턴 주택(아파트 포함)을 깡그리 살 수 있다는 것이다. 2013~2014년 보스턴 주택 판매가에 기반해 책정한 보스턴의 총 주택 구매 가격은 766억 달러로, 게이츠의 추정 재산은 그것을 다 사고도 약 20억 달러가 남는 규모였다. 비싸기로 소문난 도시의 모든 주택을 한 사람이 다 구입할 수 있다니 놀랍지 않은가.

또한 이 신문은 개인으로만 치자면 게이츠를 당해낼 사람이 없지만, 집안으로 치면 또 다른 초갑부(super rich)들도 여타 지역의 주택을 죄다 살 수 있을 정도의 엄청난 재산을 보유하고 있다고 전했다. 예를 들면 유통업체 월마트(Walmart)의 월턴 가(Walton family)는 시애틀의 주택 24만 1450채 모두를 살 수 있을 정도의 순재산 1548억 달러(약 186조 원)를 가지고 있고, 미국에서 두 번째로 큰 사기업을 소유한 코흐(Koch) 형제도 이론상 애틀랜타의 주택을 모조리 사들일 수 있는 860억 달러(약 103조 원)를 가지고 있다는 것이다. 이 기사를 쓴 기자 자신도 도저히 믿기지 않는지 자조 섞인 어투로 "아휴, 담배나 피워야겠다(I think I need a bath, 의역)"는 문장으로 기사를 마무리했다.

앞서 나는 최근 미국 중산층과 저소득층의 소득이 전 세계 1위 자리를 다른 나라에 내주는 수모를 겪고 있다는 사실을 언급했다. 세계 그 어느 나라 중산층도 감히 범접할 수 없었던 풍요의 신화가 처참하게 일그러진 것이다. 그러나 이 대목에서 주목해야 할 흥미로운 점이 있다. 그런 사실에도 불구하고 미국은 여전히 세계 제1의 경제 대국이라는 것이다. 과거 35년 동안 미국의 경제성장률은 서구의 다른 선진국과 같은 수준이거나 그보다 더 높았다.

그렇다면 곰곰이 한번 생각해보자. 미국 전체 경제는 다른 나라와 비슷하게 성장해왔는데 미국 중산층과 저소득층의 소득 수준은 현격히 낮아졌다면 도대체 그 성장의 열매는 어디로 간 것일까? 답은 뻔하다. 바로 극소수 최상위 소득 계층에게 가버린 것이다. 어떤 이는 거기에 속한 이들이 800명이라 하고 어떤 이는 400명이라 한다. 어찌 되었든 이들이 과거 35년 동안 미국이 성장시킨 경제의 열매를 거의 독식했다.

— 부자는 어떻게 가난을 만드는가

중산층이나 저소득층의 소득이 축소되지 않은 상태에서 극소수 최상위 계층 사람들이 부를 늘렸다면 아무런 문제가 되지 않았을 것이다. 미국이라는 나라는 단순히 부자라는 이유만으로 욕을 먹는 일은 있을 수 없는, 자본주의의 첨병이기 때문이다. 그러나 거기엔 한 가지 조건이 따른다. 바로 모든 사람이 부자가 될 수 있는 기회를 가지고 있다면 말이다. 아니면 적어도 그런 야무진 꿈을 가질 수 있도록 어느 정도 희망의 싹수가 보여야 한다. 그러려면 당장 먹고사는 데에는 어려움이 없어야 하는 것이다. 우리는 그것을 소위 '아메리칸 드림'이라 불러왔다. 그러나 2008년 금융 위기가 발발한 이후 미국인 거의 대다수가 처참한 지경에 이르게 되었고 그 꿈은 이제 산산조각이 나버렸다.

국민들이 이렇게 고통의 시간을 보내고 있는 동안에도 여봐란듯이 자신들의 호주머니를 터지도록 탐욕스럽게 채우고 있는 극소수 사람을 보고 대다수의 국민이 분노와 좌절감을 느끼는 것은 극히 자연스러운 일이라 할 수 있겠다. 그래서 미국에서 '월가를 점령하라(Occupy the Wall Street)' 운동도 일게 된 것이다. 그것은 형평성의 문제를 대두시켰고, 급기야 '소득 불평등'이라는 학술적 의제가 학계는 물론 일반인들의 입에서도 회자되기에 이르렀다.

그렇다면 미국에서 소득 불평등은 얼마나 진행된 것일까?

앞서 말했다시피 미국의 1인당 국내총생산(GDP)은 여전히 세계에서 수위를 달리고 있다. 그러나 그것은 어디까지나 평균을 낸 숫자일 뿐이다. 다시 말해 그것은 소득 분배에 대해서는 어떤 것도 말해주고 있지 않는 허깨비 숫자에 불과하다. 이를 두고 〈뉴욕 타임스〉는 2014년 4월 "이 나라에선 최근 소득 증가의 가장 큰 몫이 극소수 최상위 소득 가구(small slice of high-earning household)에 흘러 들어간 반면, 대부분의 미국인은 세계 다른 나라의 국민들과는 달리 그 어떤 일말의 열매도 공유하지 못했다"고 지적했다. 이것이 바로 미국에서 소득 불평등 심화가 야기된 주된 이유 중 하나로 지목되고 있는 것이다.

나는 앞에서 2012년 현재 연 3만 달러의 소득을 가진 미국 근로자라면 그 밑으로 53.2%에 달하는 임금 근로자들이 있다는 미국 사회보장국(SSA)의 발표를 언급했었다. 다시 말해 미국에서 한화로 1인당 연간 3600만 원가량 버는 근로자라면 중산층이라고 할 수 있다. 그리고 그보다 낮은 소득을 가진 근로자는 미국 전체 임금 근로자(1억 5360만 명)중 약 8170만 명이다.

중산층 근로자보다 소득을 더 올리는 연봉 5만 달러(약 6000만 원) 근로자라면 그 아래로는 무려 73.4%의 임금 근로자가 있다. 또 연봉 10만 달러(우리 식으로 억대 연봉)를 번다면 아래로는 92.6%가 있다. 그렇다면 미국 내 상위 1%에 해당하려면 연간 얼마를 벌어야 할까. 답은 25만 달러(약 3억 원)가량이다.

　　　　　　　　　　　　　　　　　　　— 부자는 어떻게 가난을 만드는가

미국 내 최고 부자 소리를 듣는 최상위 소득 계층이 몇 명이냐고 할 때 앞서 언급한 대로 800명 설, 400명 설이 존재한다. 그런데 그 설들이 신빙성이 있는 이유는 바로 다음의 사실 때문이다. 사회보장국에 따르면 고액 연봉 상위 894명은 연봉으로 최하 2000만 달러, 즉 우리 돈으로 240억 원 이상의 소득을 매년 알토란같이 챙기고 있다. 그리고 이들이 벌어들이는 소득은 전체 임금 근로자 중 99.999989%의 총소득 370억 900만 달러보다 더 많다.

그렇다면 미국 내 소득 상위 5%에 해당하는 사람들의 소득은 다른 나라와 비교하면 어떨까?

〈뉴욕 타임스〉에 따르면 자본이득(capital gains), 즉 땅 같은 것을 팔아서 매매 차익을 얻는 경우를 포함하지 않고 단지 1인당 연 세후소득(after-tax per capita income)만을 두고 볼 때, 상위 5% 내 미국 부자들의 경우 1인당 연 5만 8600달러(약 7000만 원)를 번다. 이는 캐나다보다 20%, 영국보다는 26%, 네덜란드보다는 50% 더 많은 액수다.

파리 경제대학의 세계 상위 소득 데이터베이스(The World Top Income Database)는 더 극명한 격차를 보여준다. 미국인 상위 1%가 2012년 평균 1인당 130만 달러(약 16억 원)의 소득을 올렸으며, 상위 0.01%는 1인당 평균 3080만 달러(약 370억 원)를 벌어들였다.

토마 피케티와 이매뉴얼 사에즈(Emmanuel Saez) 교수가 2014

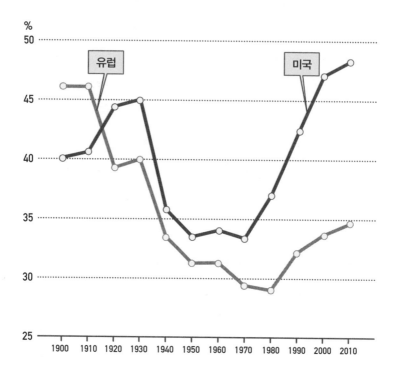

| 1900~2010년 유럽과 미국의 소득 불평등 비교 |
전체 세전소득에서 소득 상위 10%가 차지하는 비중

자료 : 피케티(Piketty)와 사에즈(Saez), 출처 : 〈사이언스〉(2014)

―――― 2010년 현재 전체 세전소득에서 소득 상위 10%의 소득이 차지하는 비중은 미국이 48%, 반면 유럽은 35%다.

― 부자는 어떻게 가난을 만드는가

년 5월 〈사이언스(Science)〉에 발표한 논문을 보면 미국의 소득 및 부의 불평등은 확연히 증명된다. 2010년 현재 미국의 소득 상위 10%가 올리는 세전소득(pretax income)은 미국인 전체 세전소득의 거의 절반(48%)을 차지한다. 또한 이들은 미국 전체 부(net wealth)의 72%를 소유하고 있다.

결국 이들 극소수 부자가 가져간 열매가 통계에 희석되면서 중산층 몰락과 저소득층 빈민화에도 불구하고 미국이 여전히 세계 최고의 경제 대국 자리를 지키고 있는 것이다. 이런 경제 대국이라는 미명하에 미국 중산층은 가혹한 현실을 버텨내고 있다.

미국은 0.01 : 99.99 사회

미국의 소득 불평등을 말할 때 흔히 1:99라는 표현을 쓴다. 우리에게도 귀에 익은 이 표현은 미국 내 상위 1% 사람들이 차지한 소득이 나머지 사람들의 것과 비교할 때 말이 안 될 정도로 많음을 가리키기 위해 나온 말이다.

그런데 칼럼니스트 데이비드 케이 존스턴(David Cay Johnston)은 "상위 1% 내의 양극화(disparity at very top)"를 거론하며 1% 안에도 엄청난 빈부 격차가 존재하기에 그들을 뭉뚱그려 말하는 것은 별 의미가 없다고 주장했다. 존스턴뿐만이 아니라 다른 사람들도 1:99가 아닌 0.1:99.9, 심지어는 0.01:99.99 간의 불평등을 논해야 불평등의 정곡을 찌를 수 있다고 말한다. 나도 그들의 주장에 동의한다. 항간에 회자되는 1%는 의사와 변호사 같은 봉급 생활자부터 그야말로 수십 억대 부자까지를 다 포함하는 허술하기 짝이 없는 소득 계층 구간이기 때문이다. 그만그만한 의사나 변호사는 일반 직장인들보다야 사정이 낫다뿐이지 내가 말한 가불 경제로 운영되는 불안한 미국의 일상에서 완전히 이탈한 사람들이라고 볼 수 없다. 따라서 봉급생활자까지 아우른 소득 계층을 한데 싸잡아놓은 1%에 초점을 맞추어 미국의 소득 불평등을 이야기하면 실수를 범하기 쉽다.

그 대표적인 예가 미국 부자들에 관한 다음과 같은 선입견들이다. 어떤 이들은 미국 부자들은 근로소득은 전혀 없고 순전히 축적된 부(富)를 고수익 사업에 투자함으로써 자본소득을 창출한다고 믿는다. 반면 또 다른 이들은 미국 부자들이 자신의 고액 근로소득으로 할 수 있는 일이라곤 많은 기부금과 세금을 내는 것일 뿐, 투자는 보는 눈이 많아서 아예 엄두도 못 낸다고 믿는다.

이런 상반된 선입견들은 사실 상위 1%의 구성비를 엄격하게 구분하지 못해 벌어지는 촌극이다. 미국 상위 1%에 포함되는 사람 중에는 근로소득만 있는, 즉 자신의 근로소득으로 자본소득까지 창출해내지는 못하는 이들도 있고, 또 연봉 액수가 거의 천문학적이라 그 근로소득을 바탕으로 자본소득을 올리는 이들도 있다. 대기업 최고경영자들이 그 예다. 그들은 일반 직원들보다 적게는 수백 배에서 많게는 무려 2000배 이상의 근로소득을 올린다. 가령 월트디즈니의 최고경영자 로버트 아이거(Robert Iger)의 연봉은 2014년에 4370만 달러로 평직원이 가져간 연봉 중간 값인 1만 9530달러보다 무려 약 2240배를 더 챙겼다. (1960년대에는 노동자 평균 임금과 대기업 최고경영자의 보수 격차가 42배 정도로 두 자릿수였으나 2000년대 들어 세 자릿수의 비율로 껑충 뛰어버렸다.) 한편으로는 1% 안에 근로소득은 전혀 없고 자본소득만으로 고소득을 얻는 정말 부자 중의 부자도 있다. 다시 말해 1% 안에 속한 구성원들의 스펙트럼은 실로 다양하다. 따라서 미국의 부자들이 근로소득 혹은 자본소득 어느 하나로만 그들의 부를 증식시키고 있다는 주장은 적합하지 않다.

해서 미국 불평등 문제를 보다 정확하게 논하려면 상위 1%가 아니라 상위 0.01%(상위 1% 중의 상위 1%)에 초점을 맞추어야 한다. 그런데 이 0.01% 사람들에 대한 이야기는 잠시 미뤄두고, 미국 전체 상위 0.1%(상위 1% 중의 상위 10%)에 대한 이야기를 먼저 해보자. 상위 1% 중 상위 10%를 제외한 하위 90% 사람들은 한 세대 전에 그들의 부모가 만들었던 부를 그대로 유지하고 있을 뿐 전혀 불린 것이 없는 것으로 나타났다. 다시 말해 경제성장의 몫은 상위 1% 안에서도 맨 위 10%가 전부 채어 갔다는 뜻이다.

이를 두고 〈블룸버그 비즈니스위크(Bloomberg Businessweek)〉

　　　　　　　　　　　　　　　− 부자는 어떻게 가난을 만드는가

의 경제부장 피터 코이(Peter Coy)는 현재 미국의 상황이 "마치 '광란의 1920년대(Roaring Twenties)'로 회귀한 것처럼 상위 0.1% 가 미국 전체 부를 독식하고 있다"고 신랄하게 비판했다. 코이 는 한술 더 떠서, 미국 불평등의 실질적인 주범은 0.1%도 아닌 0.01%라고 주장했다. 그 0.01%가 챙기는 부가 다른 사람들이 도 저히 따라잡을 수 없을 만큼 가파르게 상승했기 때문이다. 특히 레이건 대통령 재임 이후 이 극소수 부자의 부 점유율은 4배 이상 껑충 뛰었다.

버클리 캘리포니아 대학의 이매뉴얼 사에즈와 런던 경제대학의 가브리엘 주크먼(Garbriel Zucman)이 2014년 4월 〈블룸버그 비즈 니스위크〉와의 인터뷰에서 밝힌 조사 결과는 가히 충격적이다. 이 들은 2012년 현재 미국 전체 납세자 중 상위 0.1%에 해당하는 사 람들이 2000만 달러(약 240억 원) 이상의 부를 가지고 있다고 보고 했다. 또 적어도 1억 달러(1200억 원) 이상을 가져야 상위 0.01%에 간신히 턱걸이를 해서 들어갈 수 있는데, 그런 사람의 재산은 빌 게이츠에 비하자면 "새 발의 피(pittance)"라고 했다. 게이츠는 그 보다 800배의 부를 가지고 있기 때문이다. 사에즈와 주크먼은 "미 국의 부의 불평등은 소득 불평등과 함께 급상승하고 있으며, 특히 극소수 상위의 부가 급증했다"고 못 박았다.

내친김에 사에즈와 주크먼의 조사 결과를 좀 더 살펴보자. 그에

| 신(新)도금 시대(The New Gilded Age) |

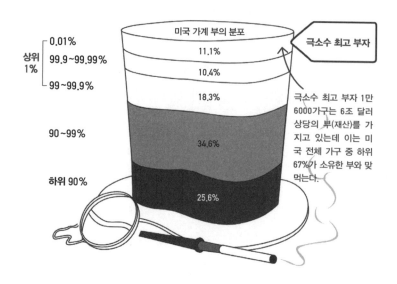

극소수 최고 부자

미국 가계 부의 분포

상위 1%
- 0.01%
- 99.9~99.99%
- 99~99.9%

90~99%

하위 90%

11.1%

10.4%

18.3%

34.6%

25.6%

극소수 최고 부자 1만 6000가구는 6조 달러 상당의 부(재산)를 가지고 있는데 이는 미국 전체 가구 중 하위 67%가 소유한 부와 맞먹는다.

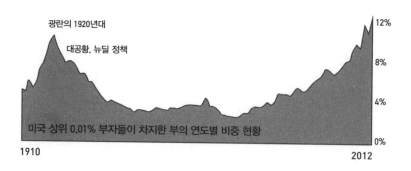

광란의 1920년대

대공황, 뉴딜 정책

미국 상위 0.01% 부자들이 차지한 부의 연도별 비중 현황

12%

8%

4%

0%

1910

2012

자료 : 사에즈와 주크먼(Zucman), 출처 : 〈블룸버그 비즈니스위크〉(2014)

— 부자는 어떻게 가난을 만드는가

따르면 미국의 상위 0.01% 사람들이 미국 전체 부 중 무려 11.1%를 차지하고 있고, 0.1%의 사람들이 21.5%(해외의 조세 천국에 숨겨놓은 것까지 추정하면 23.5%)를 차지한다. 상위 0.01%의 극소수 부자 가구 중 1만 6000가구는 6조 달러 상당의 부(재산)를 가지고 있는데 이는 미국 전체 가구 중 하위 67%가 소유한 부와 맞먹는다.

이를 보면, 우리가 미국의 소득 불평등을 이야기할 때 왜 1%가 아닌 0.1%, 아니 더 정확히 0.01%를 거론해야 하는지가 명확해진다. 상위 1% 안에 가까스로 들어온 이들과 그중에서도 맨 위 10%, 즉 전체적으로 볼 때 상위 0.1%에 속한 사람들이 서로 마주칠 일은 거의 없다. 왜냐하면 상위 1%에 간신히 들어온 이들이 1000만 달러의 부를 모으는 데는 이론상 29년이 걸리고 10억 달러로 굴리는 데에는 무려 2900년 이상이 걸리기 때문이다. 상위 1%에 막 진입한 사람들이 사에즈와 주크먼이 상위 0.1%의 잣대로 제시한 2000만 달러를 모으려면 거의 60년이 걸린다. 그런데 그들이 어찌어찌 2000만 달러를 60년보다 짧은 기간 내에 모았다고 치자. 그동안 상위 0.1%의 사람들은 가만히 앉아 있겠는가? 그들의 부는 그동안에도 기하급수적으로 늘어나 있을 것이다.

따라서 사에즈와 주크먼은 상위 1% 중에서도 맨 위 10%에 속하지 않는 사람들은 미국 경제 불평등의 주범으로 거론할 하등의 가치가 없다고 주장한다. 심지어 상위 1% 중 하위 50%는 죽도록 일하지 않으면 거의 소득을 올릴 수 없는 사람에 가깝다고, 즉 놀고먹을 수 있는 부자 워런 버핏이 아니라 '조 식스팩(Joe Sixpack : 하루 일과 후 집에 올 때 6개들이 캔맥주를 사서 귀가하는 중산층 이하의 일반 노동자를 가리키는 말)'에 가깝다고 표현할 정도다. 결론적으로 미국의 소득과 부의 불평등을 정확히 이해하려면 항간에 떠도는 1:99에 현혹되어서는 절대로 안 된다. 그것은 미국에서 벌어지고 있는 불평등을 정확히 직시하는 데 도움은커녕 방해가 될 뿐이다. 정답은 0.01:99.99다. 다시 말해 미국은 0.01:99.99의 불평등 사회다.

— 부자는 어떻게 가난을 만드는가

미국인들이 불평등에
무지하고 둔감한 이유

미국의 빈부 격차는 전 세계 다른 나라들에 비해 극심한 수준이다. 팔이 안으로 굽을 수 있는 자국의 공공 기관이 발표한 자료만 봐도 그렇다. 대표적인 예가 미국중앙정보국(CIA)의 최근 자료다. CIA는 2014년 홈페이지를 통해 지니계수로 세계 각국을 비교한 결과를 공개했는데, 미국은 조사 대상 총 141개국 중 소득 평등 부분에서 최하위 그룹인 101위(2016년 1월 현재는 144개국 중 101위)를 차지했다. 유럽의 선진국은 물론이고 가나와 세네갈 같은 아프리카 국가, 러시아 그리고 2010년 조사에서 불평등이 극심한 것으로 나타난 중국보다 12위나 뒤처진 형편없는 수준이었다. 미국의 뒤를 이은 대표적인 불평등 국가로는 극심한 불평등 때문에 내분이 끊이지 않고 있는 아르헨티나와 멕시코, 그리고 남아프리카와 같은 후진국이 대부분이었다.

이렇듯 소득 불평등 측면에서만 보면, 미국은 중산층 이하 서민들에겐 결코 살 만한 곳이 못 된다고 해도 무방하다. 참고로 '헬조선' 이야기가 나오는 우리나라의 소득 평등 순위는 놀랍게도 2016년 1월 현재 144개국 중 24위로 매우 좋은 성적이다. 이 정도 순위의 우리나라도 서민들 사이에서 힘들어서 못 살겠다, 어디 이민이라도 가고 싶다는 말이 나올 정도인데(정작 우리나라 사람들이 가장 이민 가고 싶어 하는 곳이 미국이라니 코미디다), 핏대를 세우며 난리를 피워도 모자랄 것 같은 미국인들은 어떻게 저렇게 덤덤할 수 있는지 흥미로울 정도다. 왜 그럴까?

그 일차적인 답은 미국인들은 자신들의 국가가 소득과 부에 있어서 얼마나 불평등한지를 인지조차 하지 못하고 있다는 데서 찾아야 한다. 대부분의 미국인들, 특히 불평등의 최대 피해자인 중산층 이하 서민들이 이런 불행한 사실에 무지하다. 사태의 심각성을 전혀 인식하지 못하고 있는 것이다.

하버드 대학 경영대학원의 마이클 노턴(Michael I. Norton)과 듀크 대학 심리학과 교수 댄 애리얼리(Dan Ariely)가 2011년 심리학회지에 발표한 조사 결과가 이를 증명해준다. 이 조사에 임한 응답자 중 대다수(90% 이상)는 미국의 상위 20% 사람들이 부의

60% 이상을 갖고 있다고 믿었는데, 현실은 상위 20%가 85%의 부를 차지하고 있다. 즉 미국인들의 생각은 현실과 괴리가 있는 것이다. 또 대부분 응답자(90%)들은 하위 40%의 사람들이 이상적으로는 전체 미국 내 부의 25~30% 정도는 차지해야 하나, 현실에서는 8~10%를 차지하고 있을 것이라고 답했다. 그러나 진짜 현실은 어떨까? 8~10%에 한참 못 미치는 달랑 0.3%다. 그렇다면 이런 현실에 대한 무지는 전문가라고 다를까?

안타깝게도 아니다. 똑같은 질문에 대해 24명의 경제학자들은 2%라고 답해 실제와 7배 차이 나는 생각을 견지하는 것으로 확인되었다. 이를 종합해보면, 미국인은 일반인이나 전문가나 가릴 것 없이 자신들이 매우 형편없는 국가에서 살고 있다는 사실 자체에 무지하거나 둔감하다는 것을 알 수 있다. 자신들의 국가가 중산층 이하 서민들이 잘살고 있는 훌륭한 나라라는 망상 속에 살고 있는 것이다.

그렇다면 미국인들이 불평등과 관련한 냉혹한 현실을 직시하지 못하는 근본적인 이유는 무엇일까? 왜 그토록 무지하거나 둔감한 걸까? 거기에는 그들만의 독특한 문화적 습속이 작용하는 것으로 보인다.

우선적으로 꼽을 수 있는 것이 바로 "소득 불평등에 관대한 문화(cultural tolerance for income inequality)"다. 크리스티아 프릴랜드(Chrystia Freeland)는 〈뉴욕 타임스〉에 기고한 글에서 이를 또 하나의 "미국식 예외주의(American Exceptionalism)"라고 불렀다. 19세기 초 프랑스의 철학자 알렉시 드 토크빌(Alexis de Tocqueville)이 당시 세계를 지배하던 유럽에 비해 신생국 미국은 전혀 다른 예외적 위치를 점유함을 가리키기 위해 제시한 개념인 '예외주의'를, 프릴랜드가 자기 식으로 차용해 유럽 시민들과 달리 미국인들은 이른바 부자들에 대해 엉뚱하게도 호의를 갖고 있다는 의미로 '미국식 예외주의'라는 표현을 쓴 것이다. 즉 미국인들은 많이 가진 자들에 대해 적대감을 갖고 욕을 하기보다는 그들을 부러워할 뿐만 아니라 존중까지 하는 경향이 매우 짙다. 그래서 극소수 부자에 대한 중과세 부과에 반대하는 공감대가 형성돼 있기도 하다.

또한 이런 문화가 작동하는 더 깊은 이유는, 그것이 자신에게도 유리하다는 암묵적인 계산 때문이다. 즉 그들이 부자를 증오와 극복의 대상이 아니라 선망의 대상으로 삼는 것은, 언젠가는 볼품없는 자신도 '곧 부자가 될 수 있다(soon to be rich)'고 암암리에 생각하기 때문이다. 어떤 이들은 이를 '아메리칸 드림'이라 부르고 어떤 이들은 '자수성가의 꿈'이라고 부를 것이다.

어쨌든 미국인의 뇌리에 열병처럼 자리 잡고 있는 이런 생각이 불평등에 관대한 문화를 지탱시켰다. 생각해보라. 언젠가는 나도

— 부자는 어떻게 가난을 만드는가

부자의 반열에 등극할 수 있다고 믿는 이들이 부자들을 괴롭힐 정책을 주창하거나 거기 찬동하겠는가. 손에 잡힐 듯 보이는 오아시스의 신기루 앞에선 거리 감각을 잃어버리듯이, 자신도 부자가 될 것이라는 상상에 사로잡힌 이상 현재의 불평등에 대한 감각은 무뎌지기 마련이다.

불평등 연구의 대가인 사에즈와 주크먼은 이런 미국인의 통념이 망상이라고 일갈한다. 그들은 연구를 통해 이제 미국에서 부자 중의 부자가 되려면 부자로 태어나는 길밖에 없다고 밝혔다. 다시 말해 그들은 미국에서 부와 빈곤의 대물림이 이미 돌이킬 수 없을 정도로 고착되었으며, 따라서 계층 간 이동을 말하는 사회이동(Social mobility) 중 상향식 이동은 어림도 없다는 결론을 내렸다. 우리나라에서 유행하는 '금수저론'이 가장 잘 어울리는 국가가 엉뚱하게도 미국이라니, 그것도 '불가역적'으로 그렇다니 놀랍지 않은가. 그러나 이보다 더 놀라운 것은 정작 미국인들은 이를 잘 인식하지 못하고 있다는 것이다.

남에게 신경 안 쓰는 미국의 개인주의, 한마디로 '부자는 부자고, 나는 나다'라는 생각도 불평등에 대한 둔감과 무지에 한몫한다. 다른 사람들의 삶을 유리알 들여다보듯 자세히 보고 싶어 안달하는 한국인들과는 달리 그들은 부자들의 삶을 가까이서 들여다보고 싶어 하지도 않고, 또 땅 덩어리가 넓어서 실제로 그렇게 하기도 힘들다. 나와 남을 철저하게 떼어놓고 생각하는 개인주의는 '부자들은 부자가 될 만해서 부자가 된 것일 테고, 나의 가난은 순전히 내 탓'이라는 생각으로 이어진다. 이러한 개인주의가 팽배한 곳에서는 '남 탓' 혹은 '구조 탓' 하는 것이 지지받을 수 없다. 그러는 사이에 불평등이라는 사회구조적 문제는 미국인들의 시각에서 슬그머니 연기처럼 사라지고 만다.

마지막으로 미국인들이 대체로 시사에 어둡다는 점이 지적되어야 한다. 미국에서 생활하다 보면 이 나라 사람들이 대체로 세상일에 관심이 없고 어둡다는 점을 알게 된다. 각자 먹고살기 바쁘고 일상생활이 여유가 없어서 그런 것일 테지만 미국인들은 시사에 그다지 관심이 없는 것 같다. 뉴스를 보거나 신문을 구독하는 이들이 다른 나라에 비해 현격히 떨어진다. 해서 자신과 관련된 일상생활을 뛰어넘어 더 폭넓은 시야를 가지고 더 큰 문제를 보는 데 익숙하지 않은 것이 불평등 문제에 그토록 둔감하게 된 또 하나의 이유일 것이다. 특히나 불평등의 최대 피해자라 할 수 있는 중산층 이하의 서민들이 더더욱 세상사에 어두우니 불평등 문제가 수면 위로 떠오르는 것은 요원해 보이기만 하다.

그렇다면 미국은 과연 처음부터 불평등에 관대한 나라였는가? 그에 답하기 위해 다음 장에서는 미국 역사를 되짚어보기로 하자.

— 부자는 어떻게 가난을 만드는가

평등이라는 미국의 건국이념

미국인이 소득과 부의 불평등에 대해 무지하거나 둔감한 이유에 대한 내 분석에, 다음의 두 가지를 들어 반론하는 이들도 있을 것이다. 첫째로 미국이라는 나라는 원래부터 부의 불평등을 용인했다는 것, 둘째로 그래서 미국의 부의 불평등은 과거부터 쭉 있어왔던 문제이므로 새삼스럽게 호들갑을 떨 필요가 없다는 것. 이런 반론은 대부분의 미국인이 "왜 당신들은 불평등에 그렇게 둔감합니까?"라는 질문을 받을 때 대응하는 일반적인 방식이기도 하다.

우선 두 번째 반론에 대한 답부터 하겠다. 두 번째 반론은 그 '과거'를 어느 시점으로 잡느냐에 따라 타당할 수도 있고 아닐 수도 있다. 가령 마크 트웨인의 작품 제목에서 따온 일명 "도금 시대"

(The Gilded Age : 남북전쟁 후 19세기 말의 경제 번영 시기. 그러나 안으로는 부도덕과 탐욕이 판치는 금권정치가 맹성했던 시기)나 1차 세계대전 종전과 함께 찾아온 번영의 시대인 "광란의 1920년대"(스콧 피츠제럴드가 『위대한 개츠비』에서 묘사했던 탐욕과 방탕의 시기)로 잡는다면 타당하다. 그 두 시기에는 소수에게 자본이 집중되어 극심한 불평등 현상이 심화되었던 것이 사실이기 때문이다.

　그러나 그보다 더 과거로 거슬러 올라가면 이야기는 달라진다. 그것도 미국 건국 당시로 돌아가면 말이다. 이것은 두 번째는 물론 첫 번째 반론에 대한 답이 될 수 있다. 한마디로 말해, 건국 당시 미국은 세계 어느 나라에도 뒤지지 않는 매우 평등한 국가였다는 것이 최근 학자들에 의해 밝혀지고 있다. 그러나 이들이 이런 사실을 밝히기 전에는 손에 쥘 수 있는 통계치가 전혀 없었기에 미국인들은 건국 초기에 미국이 세상에서 경제적으로 가장 평등한 국가(쉽게 말하자면 1%가 아닌 99%의 나라)였음을 까맣게 잊을 수밖에 없었다. 그러면서 부지불식간에 불평등을 매우 자연스러운 미국적 현상으로 여겼던 것이다.

　미국이 건국 초기에는 평등 국가였다는 사실은 데이비스 캘리포니아대 경제학과 교수 린더트와 하버드대 경제학과 명예교수 제프리 윌리엄슨(Jeffrey G. Williamson)의 연구에서 밝혀졌다. 이들은 2012년 전미경제연구소(NBER) 발표에서 독립전쟁 발발 전

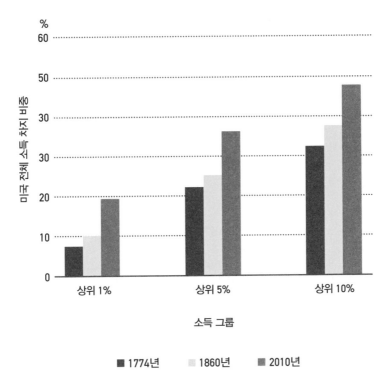

| 미국의 소득 구성비 비교 : 1774년, 1860년, 2010년 |

자료 : 린더트(Lindert)와 윌리엄슨(Williamson)(2012), 피케티와 사에즈(2012),
출처 : 〈애틀랜틱(The Atlantic)〉

──── 건국 초기 미국은 세계 어디에도 비길 데 없는 평등한 국가였다. 따라서 불평등에 관대한 문화가 미국의 고유한 이념이라고 하는 것은 어불성설이다. 1774년 당시 미국 상위 1%의 소득 점유율은 현재의 절반도 안 된다.

인 1774년 당시 영국 식민지였던 미국 13개 주가 전 세계 어느 국가보다 평등했음을 대표적인 경제 불평등 지수인 지니계수를 통해 보여주었다. 주지하다시피 당시 미국은 노예제도가 유지되었을 때인데, 그럼에도 불구하고 경제 불평등이 세계 최하위였다는 것은 놀라운 사실이 아닐 수 없다.

미국의 유력 시사지 〈애틀랜틱(The Atlantic)〉은 2012년 9월 린더트와 윌리엄슨, 그리고 피케티와 사에즈의 연구를 종합해 건국 초기인 1774년과 남북전쟁 직전인 1860년, 그리고 2010년의 상위 1%와 10%의 소득 점유율을 비교한 매우 흥미로운 기사를 실었다. 그 내용을 보면 건국 초기인 1774년에 상위 1%는 전체 소득의 약 7%를 차지하고 있지만, 2010년에는 그들의 소득이 전체의 약 20%를 차지한다. 19세기 말의 '도금 시대'에도 소수 부자의 부의 독점 비율이 이 정도는 아니었다.

1814년 미국 국부(國父) 중 하나인 토머스 제퍼슨은 영국의 지인 토머스 쿠퍼(Thomas Cooper)에게 보내는 편지에서 "우리(미국)에겐 극빈자가 없다. 국민 절대 다수는 노동자이고 부자는 극히 소수이며 그들 역시 그저 노동자들보다 조금 더 많은 부를 가지고 있을 뿐이다. (…) 노동자들도 땅과 재산, 그리고 가족을 가지고 있으며 조금만 더 분발해서 일하면 부자들처럼 풍족하게 먹고 더 좋은 옷을 걸칠 수 있다"라고 썼다. 그 정도로 당시 미국 사

— 부자는 어떻게 가난을 만드는가

회는 고루고루 잘사는 평등한 나라였다.

미국의 상위 1%는 유럽의 상위 1%가 누리는 "사치(luxury)에 대해 전혀 아는 바가 없다"고 제퍼슨이 그 편지에 썼을 정도로 건국 초기의 미국 부자들은 평범했다. 그만큼 미국이 빈부 격차가 거의 없는 평등한 사회였다는 말이다. 이는 건국 당시 국부들의 자랑이었으며 동시에 외국인의 눈에도 매우 인상적으로 보였다. 제퍼슨은 "이 평등한 미국(egalitarian America)보다 더 바람직한 사회가 그 어디에 있느냐?"고 자부하면서, 경제적 평등에 기인한 행복한 미국이 "귀족들에게만 행복이 있는 영국 사회"를 완전히 압도한다며 영국을 한껏 조롱했다. 또한 19세기에 미국을 여행한 프랑스의 철학자 토크빌은 "일반 국민들이 평등하다는 것만큼 쇼킹한 것은 없었다"고 토로했다. 이런 사실을 보면 미국이 애초부터 불평등을 당연하게 여기는 불평등한 사회였다는 주장은 완전한 궤변에 불과하다.

린더트와 윌리엄슨은 "이제 미국의 상위 1%는 미국의 나머지 99%는 물론 전 세계 어느 누구를 갖다 놔도 필적할 수 없을 만큼" 성장의 열매를 독식해 비대해졌다고 일갈한다. 또한 이런 현상을 두고 문제 될 것이 없다면서 미국의 불평등 현상을 합리화하려는 일부의 작태에 대해 환멸을 느낀다고 말한다. 그들은 미국 건국 초기를 들먹이며 미국은 원래부터 경쟁을 통한 불평등을 추구한 국가였기에 지금의 불평등이 정상적이라고 주장하는 이들이 있다면, "그것이 사실이 아니기에 국부들이 분기탱천해 무덤에서 뛰쳐나올 일"이라고 확실히 못을 박는다. 또 그들은 제퍼슨을 비롯한 미국 국부들에게 오늘날 미국의 불평등 담론 전쟁을 보여주면서 불평등한 사회와 평등한 사회 중 어떤 사회질서를 더 선호하느냐고 묻는다면, 국부들은 생각할 시간도 가지지 않고 바로 평등한 사회에 손을 들어줄 것이라고 단언한다.

이는 곧 미국의 민주주의와 자본주의가 앞으로 나아갈 방향에 대한 진지한 물음을 제기한다. 양식 있는 이들이 극소수만을 위하는 고장 난 자본주의하의 미국이 과연 기회가 균등한 평등의 땅(Land of the Equals)이냐고 심각하게 묻고 있는 것이다. 그 질문에 대한 답은 반드시 미국 건국의 기초를 놓은 국부들에게서 찾아야 할 것이다.

결론적으로 미국인들은 불평등에 관대한 문화가 미국 건국이념에 걸맞은 것이 아니라는 점을 직시할 필요가 있다. '평등한 나라 건설'이 건국자들의 이념이었고, 불평등에 관대한 문화는 건국 이후 교묘하게 유포된 극소수 가진 자를 위한 이데올로기다. 실제로 건국 초기 미국은 세계에서 보기 드물게 평등한, 즉 99%(엄밀히 말하면 99.99%)가 중산층인 국가였다. 거기에 비추면 현재의 미국은 린더트와 윌리엄슨이 이야기하듯 '통계적 극단치(outliers)'에 속

— 부자는 어떻게 가난을 만드는가

한다.

이 대목에서 앞서 언급한 미국의 개인주의에 대한 재고가 필요하다. 개인주의가 때로 좋게 작용할 때도 있는 것이 사실이지만, 늘 좋은 것은 아니다. 특히 불평등 문제와 관련해서는 더욱 그렇다. 무엇보다 불평등에 대한 개인주의적 접근은 전체론적(holistic) 사고의 부재를 낳아, 부의 세습 문제 등에는 눈을 감게 만든다. 그러는 동안 불평등은 심화되고 고착화되는 것이다.

'나도 부자가 될 수 있다'는 미국인들의 생각(그것이 반드시 옳고 바람직한 것은 아니지만 어쨌든 그것을 원하는 사람들이 있다면)은 망상이며, 이제 미국에서 부자 중의 부자가 되려면 부자로 태어나는 길밖에 없다는 사에즈와 주크먼의 주장을 다시 한 번 상기해야 한다.

미몽에서 깨어나는 것, 그것이 불평등 문제를 해결하는 관건이 될 것이다.

chapter 10

벨벳 로프 경제, 소비의 양극화

한 사회의 정상적인 소비 그래프는 극빈층과 상류층 사이에 놓인 중산층의 소비로 인해 가운데가 불룩한 모양새를 띤다. 그런데 지금 미국의 소비 그래프는 중간을 눌러 양쪽 끝이 불룩해진 풍선 모양의 기형적 패턴을 띠고 있다. 한마디로 소비에도 양극화가 일어나고 있는 것이다.

소득 불평등이 심해지면서 생긴 부수적인 사회 현상인 소비 양극화는 〈로스앤젤레스 타임스〉의 표현대로 "극심하게(with a vengeance)" 일어나고 있다. 간단히 말해서 지금 미국의 소비 시장은 최고가 시장과 최저가 시장만 번성할 뿐 그 사이를 메웠던 중산층의 준수한(decent) 소비는 빠르게 종적을 감추고 있다.

— 부자는 어떻게 가난을 만드는가

일례를 보자. '미국 중산층 소비' 하면 떠오르는 두 가지 업종이 있다. 바로 세탁업과 꽃 배달업이다. 이들 업종은 미국 중산층의 일상생활과 밀착되어 있어서 과거 중산층 지역에서 이런 사업체를 낸 우리 교민들은 꽤 많은 돈을 벌었다. 그런데 지금은 사정이 많이 달라졌다. 2014년 〈뉴욕 타임스〉는 금융 위기 이후 세탁업과 꽃 배달업 종사자가 줄고 있고 평균 벌이도 매우 낮다고 보도했다. 미국 중산층 소비와 관련된 대표적인 업종이 금융 위기 이후 사양길에 접어든 것을 날카롭게 지적한 것이다.

먼저 세탁업을 보자. 우리야 고작해야 드라이클리닝 정도 맡기지만, 미국인들은 매일 입는 와이셔츠의 세탁과 다림질까지 세탁소에 맡기는 게 일상이었다. 그런데 지금은 사정이 바뀌었다. 미국 동부와 서부에서 세탁업을 하는 지인들의 말을 들으면 그 변화가 실감이 난다. 손님이 확 줄었다는 것이다. 그래서 가게를 내놔도 사려는 사람이 없단다. 보스턴에서 세탁업으로 큰돈을 번 지인은 가게를 20여 년 전에 산 가격의 절반인 헐값에 내놓았는데도 아직 팔지 못하고 있다.

그러면 세탁업의 쇠퇴가 말해주는 것은 무엇인가? 사람들이 다림질이 꼭 필요한 옷을 이제는 더 이상 사지 않는다는 이야기다. 이는 말끔하게 정장을 차려입고 출근할 직장이 없어졌다는 말도 된다. 즉 세탁업의 쇠락은 중산층의 대량 실업과 불완전고용을 간접적으로 말해주는 증표이기도 하다.

다음으로 꽃 배달업을 보자. 각종 기념일과 경조사에 꽃 배달 서비스를 이용하는 것은 얼마 전까지만 해도 미국 중산층의 일상이었으나 이제는 옛일이 됐다. 각종 장식과 꽃꽂이 인건비까지 합쳐진 꽃 배달 가격을 감당할 만한 여력이 없기 때문이다. 그래서 이제는 꽃이 꼭 필요하면 슈퍼마켓에서 사서 직접 꽃꽂이를 하여 자기 집을 꾸미거나 남에게 전달한다. 이렇게 하면 비용이 몇 분의 일로 확 줄어들기 때문이다. 이러니 꽃 배달업체가 온전할 턱이 있겠는가.

그렇다면 중산층은 대체 어디로 가버렸단 말인가. 답은 간단하다. 위로는 못 올라갔고 거의 다 아래로 곤두박질치고 있는 중이다. 그래서 예전의 왕성한 구매력을 잃고 허리띠를 바짝 졸라매고 있는 것이다. 가뜩이나 남의 눈치나 허례허식이 안 통하는 나라의 국민들이니 여력이 있는 한에서만 소비하고 그 이상은 '싹둑'이다. 기업들이 그나마 남은 중산층을 잡으려 갖은 안간힘을 쓰고 있지만 그것마저도 여의치가 않은 상태다.

예를 들어 '중산층의 백화점'이라 불리는 시어스(Sears)나 제이시페니(JCPenney)에 입점한 매장들 중 문을 닫는 곳이 전국적으로 속출하고 있으며, 심지어 〈뉴욕 타임스〉는 대형 쇼핑몰들이 미국 도처에서 '서거'하고 있는 현상을 특집으로 보도했다. 큰돈 들

— 부자는 어떻게 가난을 만드는가

어가는 공산품은커녕 소모품인 의복 구입도 머뭇거리며 생활필수품만 근근이 살 형편에 놓인 것이 현재 미국 중산층 대부분의 현실이다.

이 와중에 최저가 생필품을 파는 달러제너럴(Dollar General)이나 달러트리(Dollar Tree) 같은 이른바 '1달러 상점'들만 북새통을 이뤄 콧노래를 부르고 있다. 하지만 그런 싸구려 제품들의 질이 좋을 리는 만무하다. 일회용 포크나 스푼은 음식을 몇 번 집기도 전에 부러지기 일쑤고 스티로폼 접시는 쉽게 찢어진다. 과거에는 이런 것들을 접해보지 않았던 미국인들에겐 매우 생경한 경험임이 분명하다.

그에 반해 극소수 상류층의 소비는 그야말로 물 만난 고기와 같다. 〈로스앤젤레스 타임스〉는 자산관리업체 메시로파이낸셜(Mesirow Financial)의 다이앤 스웡크(Diane Swonk) 수석연구관의 보고서를 인용해 "최고 사치품의 소비는 예전으로 돌아왔다"면서 "최상급 공산품은 수천 달러의 가격표를 붙여놔도 뉴욕의 백화점에 진열되기 무섭게 날개 돋친 듯 팔리고 있다"고 전했다. 건축업체들도 이제 생애 첫 구매자들을 겨냥한 중산층용 주택 건축을 접고, 부호들의 맞춤형 호화 주택 쪽으로 전략을 수정했다.

〈뉴욕 타임스〉에 따르면 지금 미국 시장은 극소수의 돈 많은 고객이나 또는 한 푼이 아쉬운 소비자층만을 겨냥해, 가격을 최대한 올리든지 아니면 최대한 내리든지(rock-bottom prices) 하는 양면 (혹은 양극화) 작전을 구사하고 있다. 그 중간의 소비를 담당하던 중산층이 소멸되고 있기 때문이다. 한쪽에서는 담배 한 갑을 사기 어려워하는 이들이 찾는 개비당 76센트(약 910원)짜리 '까치 담배(loosie, 신조어)'를 파는 밀거래상이 뉴욕의 골목을 누비는 동안, 다른 한쪽에서는 '부세미(Buscemi)'라는 1000달러(약 120만 원) 상당의 명품 운동화가 불티나게 팔리고 있다. 미국의 소비 시장은 이 정도로 양극화되었다.

이 외에도 소비 양극화 현상의 예는 부지기수다. 가령 라스베이거스의 '윈(Wynn)'이나 '베네치안(Venetian)' 같은 최고급 카지노는 일대 성황을 이루고 있지만 동부의 애틀랜틱시티나 뉴욕, 코네티컷 주의 중소형 카지노는 고객이 줄어 문을 닫을 지경이다. 숙박업계도 마찬가지다. 호텔업계 시장조사 전문업체 스미스트래블리서치(Smith Travel Research)에 따르면, 포시즌(Four Seasons)이나 세인트레지스(St. Regis) 같은 고급 호텔들은 2013년에 전년 대비 7.5% 성장한 데 비해 베스트웨스턴(Best Western) 같은 중저가 모텔들의 성장률은 4.1%에 그쳤다.

부자들을 위한 차별화된 맞춤형 서비스도 성황이다. 로스앤젤레스의 놀이공원 디즈니월드는 전 세계에서 찾아오는 손님들로 인해 발 디딜 틈 없을 정도로 혼잡하다. 이런 곳에서 여유를 가지고 즐길 수 있게 폐장 후 야간 개장 서비스(after-hours access)를 올해 들어 시작했다. 물론 이것을 즐길 자격은 고가의 입장료를 내는 사람들만 가진다. 세계 최대의 해양 공원 샌디에이고 시월드도 놀이기구를 타거나 고래 쇼 등을 보려고 긴 줄을 몇 시간씩 설 필요 없는 특별 입장권을 판매하기 시작했다. 기본 입장료에 80달러(약 10만 원)를 추가하면 이 서비스를 이용할 수 있다. 로스앤젤레스의 관문 LA 공항은 1800달러(약 220만 원)만 내면 지루하고 거추장스러운 각종 수속과 보안 검사를 모두 피하고 바로 기내로 들어갈 수 있는 서비스를 내놓았다.

혹자는 이럴 수도 있겠다. 220만 원은 조금 뭣하지만 그까짓 10만 원 정도 더 내는 서비스는 누구나 마음만 먹으면 이용할 수 있지 않겠느냐고. 그러나 미국인 전체 중 절반에 가까운 이들(46%)이 비상시에 쓸 수 있는 돈 400달러가 수중에 없다는 〈월 스트리트 저널〉의 기사(연준 조사 인용)를 접하면 저런 서비스가 미국인 전체가 아니라 소수의 부자를 위한 것임을 쉽게 간파할 수 있다.

이러한 부자들을 위한 특별한 마케팅 소식을 전한 〈뉴욕 타임스〉는 "도금 시대 이래로 그 어느 때보다 부의 양극화가 극심해져 벨벳 로프(velvet rope: 초대받은 자만 들어갈 수 있게 쳐놓은 고급스러운 줄) 안쪽으로 진입할 수 있는 아주 부유한 자들과 그렇지 못한 자들 간의 격차는 갈수록 벌어지고 있다"고 진단했다. 한마디로

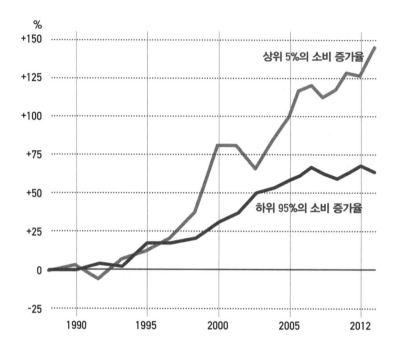

| 벨벳 로프 경제 : 점증하는 계층 간 소비의 양극화 |

상위 5%의 소비 증가율

하위 95%의 소비 증가율

자료 : 시나몬(Cynamon)과 파자리(Fazzari), 출처 : 〈뉴욕 타임스〉

———— 최근 수십 년간 소득 상위 계층의 소비는 그 아래 잔여 계층의 소비를 가파르게 능가하
고 있다.

— 부자는 어떻게 가난을 만드는가

주머니 사정이 빠듯한 자들은 벨벳 로프 너머로 언감생심 눈길조차 못 주는 동안 그 줄 너머 안쪽의 선택된 사람들은 그들만의 잔치를, 그 탐욕스럽고 화려한 소비의 잔치를 여봐란듯이 벌이고 있는 것이다. 그래서 소득 상위 계층과 하위 계층 간의 소비 양극화를 가리키는 '벨벳 로프 경제(The Velvet Rope economy)'라는 신조어까지 등장했다.

세인트루이스 워싱턴 대학 경제학과 교수 스티븐 파자리(Steven Fazzari)와 연준 세인트루이스 지부의 배리 시나몬(Barry Cynamon)이 2014년 발표한 연구에 따르면, 2012년에 소득 상위 5% 사람들이 미국 소비에서 차지한 비중은 38%로, 1995년의 28%에 비해 무려 10% 포인트 상승했다. 게다가 2009~2012년의 물가 상승률을 감안하면 상위 5%의 소비는 17% 증가했지만 그 아래 95%의 소비는 고작 1% 상승한 것이다. 또 뉴욕의 신경제사고연구소(INET)는 같은 기간 미국 전체 소비의 90%는 소득 상위 20% 가구에 의한 것이었다고 밝혔다.

이것은 두 가지 사실을 말해준다. 하나는 소비라는 변수를 통해 미국 중산층의 소멸을 분명히 목도할 수 있다는 것이다. 다른 하나는 미국 경제 정상화를 위해서는 상위 5%의 소비만으로는 한계가 있다는 것이다. 예를 들어 그들 중 한 사람이 비누를 사봤자 끽해야 몇 개지 수만 개를 사지 않는다. 결국 중산층을 살리는 것이 미국 경제 회생의 관건이다. 파자리 교수도 다음과 같은 결론을 내린다. "대다수의 사람을 뒤로 제쳐두고 소수의 사람만으로 경제를 회복시킨다는 것은 무척 어려운 일이다. 우리는 이런 식으로 계속 가게 놔둘 수는 있지만 그러면 경제 회복은 정말로 요원한 일이 될 것이다." 이른바 '그들(상위층)만의 번영'으로 미국의 경기 회복을 말하는 이때, 파자리의 말은 시사하는 바가 크다. 파자리의 염려처럼 진정한 경제 회복이 점점 더 요원해지고 있다는 것이 바로 미국의 현주소다.

PART 2

서민을 등진 오바마, 정치권과 경제학계

영세업자와 샐러리맨 들에게선
높은 세율의 세금을 꼬박꼬박 걷어 가면서,
엄청난 부를 획득하는 상층 부자들에게서는
한 푼의 세금도 걷지 못하는 이 나라는
도대체 누구를 위한 나라인가.

– 엘리자베스 워런

미국 양심의 목소리들

미국 내 계층 간 소득 격차가 날로 벌어지고 있는 이유는 다음 장부터 자세히 살펴보기로 하고, 여기서는 소득 격차 문제에 주목한 미국의 양심들을 알아보자.

먼저 하버드대 교수 제프리 프리든(Jeffry Frieden)이다. 그는 2010년 〈하버드 매거진(Harvard Magazine)〉과 〈가디언(The Guardian)〉에 쓴 글에서 이런 불평등은 "애초부터 극소수 상위 몇 명에게 유리하게 짜여진 게임 때문"이라고 '돌직구'를 날렸다. 그는 "2002~2007년의 소득 증가율을 보면 상위 1%는 60%가 늘어난 반면 나머지 99%는 달랑 6%만 증가"했다며, 이 불공정한 판 자체를 뜯어고치지 않는 한 미국 경제가 정상화되는 것은 요원하다고 지적했다. 그러면서 그 교정의 첫 단계는 바로 월가에 대한 금융 규제(financial regulation)라고 주장했다. 말하자면 그 불공정한 판 자체를 갈아엎지 못한다면 미국 내 불평등 문제는 개선될 가능성이 전무하다는 것이다.

다음으로 버클리 캘리포니아 대학 교수 로버트 라이시(Robert Reich)다. 빌 클린턴 행정부 때 노동부 장관을 지낸 그는 학자와 관료 그리고 주요 신문의 칼럼니스트로서 경제 정의를, 우리 식으로 말하면 경제 민주화를 부르짖어왔다. 그는 그런 행보로도 부족했다고 판단했는지 2013년에는 사회적 파급력이 큰 영화도 만들었다. 날로 그 간격을 넓혀가는 미국의 계층 간 소득 격차에 관한 다큐멘터리 〈모든 이들을 위한 불평등(Inequality for All)〉을 제작한 것이다.

라이시는 또한 '소득 불평등은 누구의 탓인가'를 주제로 〈CNN 머니〉가 마련한 특집 인터뷰에서 이렇게 말했다. "사회에는 사실 불평등이 필요하다. 어느 정도의 불평등이 있어야 경쟁도 있고 발전도 가능하기 때문이다. 하지만 현재 미국의 불평등 수준은 정상 범위를 넘어 극(tipping point)에 달했다. 중산층은 거의 궤멸에 이를 정도가 된 반면 극소수의 사람은 모든 경제적 이득을 다 독차지하는 상황이 되었다." 라이시는 모든 것이 평등해야 한다고 생각하는 공산주의자가 아니라 자유주의자다. 그런 그가 학자의 양심

— 부자는 어떻게 가난을 만드는가

© Center for Ideas & Society, Flickr

―――― 미국의 대표적인 양심들. 왼쪽부터 제프리 프리든, 로버트 라이시, 엘리자베스 워런.

을 걸고 소득 불평등 현상을 신랄하게 비판하는 것은, 현재 미국의
상황이 해도 해도 너무한 지경 즉 임계점에 이르렀기 때문이다.

라이시가 볼 때 이렇게 되면 두 가지 큰 문제가 발생한다. 하나
는 왜소화된 중산층의 구매력 때문에 미국 경제가 악순환을 계속
한다는 것이다. 이런 견해는 앞서 언급한 파자리의 주장과 맥을
같이한다.

두 번째 문제는 정치적인 것으로, 사회에 냉소적 시각이 만연한
다는 것이다. 냉소주의 만연은 민주주의 사회의 근간을 흔들고 국
민의 사기를 떨어뜨릴 수 있는 중요한 문제라는 것이 라이시의 진
단이다. 라이시는 "사회 시스템 자체가 썩어 문드러져 전혀 민주
적이지 않다는 냉소적 시각이 만연할 때 미국이 과연 어디로 향할
것이냐"고 우려하면서, "현재 소득 최상위 400명이 하위 1억 5000
만 명보다 더 많은 부를 가지고 있는 것을 지켜보는 일반 서민들
의 참담한 심정을 헤아려보라"고 역설한다. 과연 그들이 일하고
싶은 의욕이 생기겠느냐는 것이다. 그러면서 라이시는 "미국 내
42%의 아이들이 빈곤 상태에서 태어나 평생 빈곤을 벗어나지 못
하는 이 사태는 사회이동을 철저히 차단시키는 체제의 문제"라면
서 이를 극복하는 길은 일련의 규칙을 새로 세우는 방법밖에 없다
고 일갈한다.

마지막으로 소개할 사람은 미 상원의원 엘리자베스 워런

— 부자는 어떻게 가난을 만드는가

(Elizabeth Warren)이다. 하버드대 법대 교수로 파산법이 전공인 워런 의원은 우리나라에는 잘 알려지지 않은 사람이지만 나는 이 여성을 2010년부터 눈여겨보고 있었다. 2008년 금융 위기가 터지자 미국 정부는 경제를 살린다는 미명하에 부실 자산 구제 프로그램(TARP)을 마련하여 구제금융 자금을 긴급 조달한다. 2년 뒤인 2010년 그 효과를 평가하는 상원 금융위원회 청문회에 나온 사람이 바로 워런 의원이었다. 당시 평가 위원장을 맡았던 그녀는 "구제금융이 지방의 중소 은행 및 일반 자영업자들에겐 아무런 도움을 주지 못하고 단지 월가의 대형 금융회사에만 큰 원군이 되었다"며 월가를 공격했다. 당시는 물론 지금도 누구나 월가 앞에만 서면 한없이 작아지는데(이에 대해선 뒤에 자세히 살펴볼 것이다) 누구도 하지 못한 입바른 소리를 제대로 한 것이다.

이후 워런은 자신의 행로를 담담히 되짚어본 『싸울 기회(A Fighting Chance)』라는 책을 냈는데, 이 책은 최근 서구 지식인 사회를 강타한 토마 피케티의 『21세기 자본』이 나오기 직전까지 〈뉴욕 타임스〉와 아마존에서 베스트셀러 1위를 차지했다.

2014년 5월 31일 〈허핑턴 포스트〉는 화제의 두 인물인 워런 의원과 피케티 교수를 한꺼번에 보스턴으로 불러 대담을 가졌다. 그 자리에서 워런은 피케티가 제안한 부유세를 영어가 서투른 피케티를 대신해 한껏 띄워주는 등 대담을 주도했다. 그러면서 워런은 다음과 같이 말했다. "어느 정도 조세 정의가 확립된 상태에서 국민들이 세금을 내야 하는데 영세업자와 샐러리맨 들에게선 높은 세율의 세금을 꼬박꼬박 걷어 가면서, 엄청난 부를 획득하는 상층 부자들에게서는 한 푼의 세금도 걷지 못하는 이 나라는 도대체 누구를 위한 나라냐." 이어서 그녀는 "이른바 '낙수 효과(trickle-down effect)'를 노린 부자 감세와 페이퍼 컴퍼니 등의 조세 회피로 미국의 500대 대기업은 세금을 거의 한 푼도 안 내고 있다. 이것이 개선되지 않는 한, 즉 납세 체계가 시정되지 않는 한 미국의 소득 불평등은 걷잡을 수 없이 심화될 것"이라고 성토했다. 그녀의 말을 들으면 미국과 우리나라의 사정이 별반 다르지 않은 게 확실해 보인다.

문제는 누가 새로운 판과 규칙을 짜느냐 하는 것이다. 미국의 양심 있는 지식인들은 룰을 정할 때 일반 서민과 중산층은 철저히 배제되어 있음을 한탄한다. 앞서 언급한 프리든, 라이시, 그리고 워런이 말하는 새로운 룰의 정립은 국회의원들에게도 기대할 수 없다. 그들은 결국 꼭두각시일 뿐, 문제는 로비스트들을 동원해 온갖 명목의 정치헌금과 뇌물을 바치면서 자신들에게만 유리한 법을 만들어온 사람들이다. 그들이야말로 손 안 대고 코 푸는 사람들이며, 그 극소수 사람이 룰을 만드는 정치인들을 쥐락펴락해왔다. 그렇다면 과연 어떻게 새로운 룰을 만든단 말인가? 그것

− 부자는 어떻게 가난을 만드는가

이 과연 가능하기나 한 것일까? 이것을 푸는 것이 미국의 과제다.

다음 장부터는 새 판을 짜자는 말이 나올 정도로 미국을 엉망진 창으로 만들어놓은, 그래서 불평등의 심화를 가져온 주역들에 대해 본격적으로 다루어보기로 한다.

chapter 12

'월가 규제'는 왜
샌더스의 공약이 되었나

버니 샌더스가 2016년 새해 벽두부터 월가에 직격탄을 날렸다. 뉴욕 맨해튼에서 있었던 선거 유세에서 1999년에 폐지된 '글래스-스티걸 법(Glass-Steagall Act)'의 온전한 원상 복구를 선거 공약으로 제시한 것이다. 이게 왜 월가에게 직격탄일까? 한 은행이 상업은행과 투자은행, 그리고 보험회사 역할을 한꺼번에 겸하는 것, 즉 업종 간 상호 진출의 금지가 골자인 이 법이 복구되면, 월가 대형 은행의 규모가 줄어들기 마련이기 때문이다.

글래스-스티걸 법은 1933년에 처음 제정되었다. 은행들이 업종 간 상호 진출로 덩치가 커지면서 이른바 '대마불사(too big to fail)'가 되어 시장경제 질서를 교란시킨 결과 1920년대 말 대공황을 야

— 부자는 어떻게 가난을 만드는가

기했다는 깨달음에서 제정된 법이다. 탐욕에 눈이 먼 금융기관 규제의 근간이 되었던 이 법은 그러나 1999년 클린턴 행정부 때 규제 완화라는 명목으로 국민들은 눈치채지 못하는 사이 슬며시 폐지되었다. 그로부터 10년이 안 된 2008년에 월가발(發) 금융 위기가 터지자, 양식 있는 전문가들은 그 원인을 글래스-스티걸 법 폐지에서 찾았다.

샌더스가 이 공약을 내세운 배경은 단순하다. 그는 현재 진행 중인 미국 중산층 붕괴의 주범으로 월가의 대형 금융회사를 지목한다. 그가 볼 때 월가는 악의 축이자 뿌리다. 그래서 그는 "대기업을 비롯한 월가의 탐욕이 현재 미국을 파괴"하고 있고 거기서 비롯된 부의 불공정한 분배로 인해 "손에 꼽히는 극소수 거부가 미국의 부를 거의 다 거머쥐고 있다"며, "이런 대형 은행들이 나약한 서민들을 더 이상 이익 추구를 위한 먹잇감 삼는 것을 저지하는 것"이야말로 미국을 정상 궤도에 올리는 출발점이라고 주장한다.

샌더스의 이런 주장은 월가의 사업 비법은 바로 '사기(詐欺)'라는 현실 인식에 터한다. 그래서 그는 "모든 규칙에는 예외가 있다 지만 월가의 사기 규칙에는 예외가 없다"고 일갈한다. 최근 미국의 경제와 정치를 면밀히 관찰하고 분석하고 있는 나도 샌더스의 현실 인식에 십분 공감한다. 샌더스의 말에서 하나도 틀린 점을 발견할 수 없기 때문이다. 말 그대로 월가는 현재 미국의 경제 위기와 미국 중산층 붕괴에 혁혁한 공(?)을 세웠다.

사실 2008년 금융 위기 이후 정치권에선 월가에 대한 규제와 처벌을 강화할 것이란 소리가 심심치 않게 흘러나왔다. 하지만 그것은 대국민 선전용으로써 한낱 엄포에 그칠 뿐이었다. 처벌과 규제 강화 위협은 공허한 울림에 불과했고 돌고 돌아 결국엔 원점으로 회귀했다. 지루하게 끌면 끌수록 사람들의 관심도 거기에서 멀어져갔다. 이때 샌더스가 월가 규제법의 완전 복구를 공약으로 내세운 것이다.

그렇다면 의문이 생긴다. 왜 미국의 정치권은 움직이지 않는 것인가? 정치권이 간교한 월가와 야합하고 있기 때문이다. 미국은 겉으로는 양당제이지만 여야의 구분이 따로 없고 진보와 보수의 구분도 없다. 샌더스는 이와 관련해 다음과 같은 힌트를 준다. "여야를 막론하고 정치인들은 누구나 월가 은행들의 (국가) 파괴적 행태를 종식시켜야 한다고 말한다. 그러나 정작 종식되어야 할 것은 바로 그 정치인들이다. 의회가 월가를 규제한다고? 지나가는 개가 웃을 일이다. 의회는 월가를 결코 규제할 수 없다. 규제는 월가와 로비스트들이 한다. 누구를? 바로 의회를. 월가와 로비스트들이 의회를 좌지우지 쥐락펴락한다. 이런 판에 누가 누굴 규제한다고? 이 기막힌 전도된 현실을 바꾸어야 이 나라에 희망이 있다."

힐러리도 그 정치인 무리에서 벗어나지 못한다. 이는 그녀와 월

— 부자는 어떻게 가난을 만드는가

가의 밀월 관계를 보면 확연히 드러난다. 무엇보다 힐러리는 이미 글래스-스티걸 법 폐지에 서명한 원죄를 안고 있다. 게다가 그녀야말로 월가로부터 정치헌금을 두둑이 받고 있어 당선되면 월가의 든든한 뒷배를 봐주지 않을 수 없다. 그러니 최근 월가 규제에 목청을 높이는 그녀를 제정신 가진 사람이라면 누가 믿겠는가? 그래서 라이시는 월가 규제 의지가 있는지 없는지는 대형 은행 분쇄법인 글래스-스티걸 법의 복구에 지지할지 말지로 판가름된다면서, 이 법의 원상 복구를 거부한 힐러리를 신랄하게 비판하고 있는 것이다.

월가의 간교한 수작으로 월가 규제가 완전히 무력화된 또 다른 예는 도드-프랭크 법(Dodd-Frank Act) 개정안의 통과다. 2008년 전 세계를 공포의 경제 위기로 몰아넣었던 금융 위기는 월가의 파생 상품 거래에서 비롯되었다. 파생 상품은 탈규제의 온상에서 탄생한 것으로, 이윤 극대화의 최적 수단으로 개발된 매우 악의적인 금융 상품이다. 그 악의적 위험성은 투자의 귀재로 불리는 워런 버핏이 그것을 '대량 살상 금융 무기'라고 부른 데서 충분히 짐작할 수 있다. 어쨌든 금융 위기가 발발한 후에 미국 정부는 대형 금융기관이 파생 상품에 아예 손을 못 대게 하는 도드-프랭크 법을 마련했었다. 그 법이 통과된 이후 파생 상품 중 하나인 신용부도 스와프(CDS) 거래량이 금융 위기 전의 3분의 1로 줄어들어 그 법의 약발이 먹히는 것처럼 보였다.

하지만 그것도 아주 잠시였을 뿐, CDS 시장이 다시 부활하면서 월가는 잔뜩 고무되어 있다. 과거의 악습을 청산하기는커녕 오히려 그 전철을 되밟으려는 월가의 행보는 2014년 12월 중순 새해 예산안과 함께 도드-프랭크 법 개정안이 미국 의회에서 통과한 이후로 기세등등하기만 하다. 개정안은 대형 금융회사의 파생 상품 거래 금지 조항의 폐지를 담고 있어 이제 이 법의 원래 취지는 무색해졌다. 이 법의 원래 이름은 '도드-프랭크 월가 개혁 및 소비자 보호법(Dodd-Frank Wall Street Reform and Consumer Protection Act)'인데 개정안 통과로 알맹이는 쏙 빠지고 무늬만 남은 월가 규제법이 되어버린 것이다.

이것은 겉으로는 예산안 통과가 급선무인 오바마 행정부와 민주당이 도드-프랭크 법 개정안을 요구하는 공화당과의 협상에서 마지못해 맞바꾼 고육지책으로 보인다. 하지만 실상을 들여다보면 구토가 나올 정도다. 왜냐하면 진실은 로비스트를 통해 막대한 자금을 정치권에 무차별적으로 살포한 대형 금융회사에 정치인들이 여야를 막론하고 자진해서 안겨준 규제 철폐라는 선물이기 때문이다. 이를 아는 일반 국민들은 매우 적다. 물론 정치권은 그런 짓을 뻔뻔하게 저지르는 와중에 국민은 안중에도 없었다.

2015년 1월 〈뉴욕 타임스〉 보도를 보면 도드-프랭크 법의 파생

— 부자는 어떻게 가난을 만드는가

© Todd Blaisdell / Flickr

―――― 2011년 10월 뉴욕 주코티 공원, '월가를 점령하라' 시위에 참여하는 한 남성이 글래스–
스티글 법 폐지에 항의하는 피켓을 들고 있다. 피켓에는 "빌 클린턴, 당신은 왜 1933년에 제정
된 글래스–스티글 법을 폐지했는가? 조지 부시, 당신은 왜 미국을 도둑질하고 강간하는 데 동
조했는가?"라고 썼다.

상품 거래 금지 조항 폐지를 위해 월가의 대형 금융회사가 살포한 로비 자금은 2014년 한 해(11월 16일 현재)에만 약 12억 달러(약 1조 4400억 원)였다. 이는 이 법이 만들어지던 2010년 당시 금융회사들이 입법 저지를 위해 썼던 돈보다 훨씬 많은 액수다. 그래서 〈뉴욕 타임스〉는 도드-프랭크 법 무력화에도 과거와 마찬가지로 정치권에 대한 "교과서적 로비(textbook lobbying)"가 주효했다고 분석한다.

월가의 로비 대상에는 오바마 대통령도 포함되어 있었다. 그래서인지 오바마는 도드-프랭크 법 개정안에 대해 적극적으로 반대하지 않고 미온적인 태도를 보였다. 이에 대해 도드-프랭크 법 발의자 중 한 사람인 바니 프랭크(Barney Frank) 의원은 "오바마 대통령도 의료보험 개혁에서 보였던 열의와 의지를 금융 개혁에서는 전혀 보이지 않았다"라고 불만을 토로했다. 앞에서 내가 양심적 인사로 언급했던 엘리자베스 워런 의원은 "현재 월가 대형 금융기관의 워싱턴 정가 장악력은 전례가 없이 막강하다"며 그 막강한 힘에 자발적으로 굴복하여 월가에 탈규제라는 선물을 바친 행정부와 의회를 맹렬히 비난했다. 그러나 워런과 프랭크 같은 시대의 양심이 내는 금융 규제 목소리는 월가의 전방위적 로비에 의해 완전히 잠식되었고, 바로 그때 샌더스가 글래스-스티글 법의 완전 복구라는 공약을 내세운 것이다.

자신이 당선되면 월가의 대형 은행들이 더 이상 허튼짓을 못하게 원래 크기대로 쪼개버리겠다는 샌더스의 말은 얼핏 과격하게 들리지만 내 생각엔 전혀 그렇지 않다. 미국이 이 지경에 빠지게 된 것은 바로 지나치게 몸집이 커진 대형 은행들의 농단 때문이기에, 월가의 힘을 빼앗아 금융기관 본연의 모습으로 원상 복구시키겠다는 주장을 과격하다고 할 수는 없다. 상대적으로 조순하기만 한 우리나라의 은행을 생각해서 '월가 은행들이 뭐 그렇게까지 문제겠어!'라고 생각하면 큰 오산이다. 경제와 정치 등 미국인들의 삶의 핵과 주축을 이루는 것은 모두 이 월가의 대형 은행들과 관련돼 있다. 그들이 미국을 떡 주무르듯이 주무르고 있다고 해도 과언이 아니다. 오히려 아무도 감히 건드리려 하지 않는 것을 손대겠다는 샌더스의 담대함에 박수를 보내도 모자랄 판이다. 바라건대 미국인들이 샌더스의 말을 진중하게 받아들였으면 좋겠다. 그러나 과연 그가 말하고 있는 바를 정확히 간파하고 있는 이들이 얼마나 될까? 내가 앞서 연거푸 지적했듯이, 미국인들의 이런 무지와 무관심이 미국이 안고 있는 핵심 문제다.

미국 정치권의 로비 중독증

내친김에 미국의 대기업과 금융회사가 로비를 통해 어느 정도로 미국 정치권의 물을 흐려서 국민을 상대로 분탕질하고 있는지 좀 더 들여다보자.

앞 장에서 언급했던 프랭크 의원은 다음과 같은 분노 섞인 일성을 터트렸다. "미국 정치에서 이념? 이제 그런 것은 없다. 왜냐하면 정책을 만들고 정할 때 정치인들에게 가장 중요한 것은 이념적인 것이 아니라 자신들이 그것으로 물질적 이득을 취할 수 있느냐 하는 것이기 때문이다." 사정이 이러하기에 미국의 양당정치를 우리 식으로 보수와 진보 프레임으로 설명하려 드는 우리나라 사람들에게 나는 "꿈 깨시라!"고 말하고 싶다. 극히 드문 경우를 제외하면 이제 거의 대부분의 미국 정치인은 정당만 나뉘어 있을 뿐, 그들을 실질적으로 움직이는 것은 똑같다. 바로 탐욕 하나다. 그리고 이것을 잘 간파해 그들의 탐욕을 충족시켜주면서 온갖 이득을 취하는 것이 바로 월가의 금융회사를 비롯한 대기업들이다.

2015년 현재 미국 대기업들이 워싱턴 D.C., 곧 국회에 로비로 지출하는 돈은 한 해에 약 26억 달러(약 2조 6000억 원)다. 이는 상원과 하원을 다 합친 1년치 국회 예산 20억 달러를 훨씬 능가하는 실로 거대한 액수다. 국민이 내는 세금으로 조성된 액수보다 기업체가 '국회에 기름칠'을 하는 데 들어가는 돈이 더 많다는 말이다. 이 사실만 봐도 국회의원들이 국민의 편에 설지 아니면 대기업 편에 설지가 분명해진다. 말하자면 국회의원을 두고 하는 국민과 대기업의 줄다리기에서 국민은 애초부터 참패할 수밖에 없는 게임을 하고 있는 것이다. 대기업의 로비 비용과 국회 예산의 격차는 2000년대 초반부터 점점 더 벌어지기 시작했다. 미국 대기업들의 대국회용 금품 살포 공세의 화력이 더 세지고 있다는 것은, 그들의 입김이 점점 더 세지고 있다는 것을 의미한다.

어지간한 대기업은 현재 100명 이상의 로비스트를 고용해 아예 워싱턴 정가에 상주시키고 있고, 그러지 않는 대기업은 거의 찾아보기 힘들 정도다. 최근 통계에 따르면 노조나 시민 단체가 국회 로비를 위해 사용하는 돈을 1달러로 칠 때, 대기업이나 그들을 대표하는 단체(상공회의소 등)가 사용하는 액수는 34달러로 무려 34배 차이가 난다. 노동자와 시민은 아예 대기업의 적수가 안 되는 것이다.

이 대목에서 어떤 이들은 각종 이익집단이 자신들의 권익 보호와 이익 증진을 위해 국회에 자신들의 뜻을 반영해달라고 목소리를 내는 것이 뭐가 잘못이냐고 반문할 수도 있을 것이다. 이런 견해는 뉴멕시코 대학의 웬디 한센(Wendy Hansen)과 닐 미첼(Neil Mitchell)의 다음과 같은 주장에 잘 담겨 있다. "기업 경영자들은 자기 기업과 관련한 어떤 이득이 걸려 있을 때, 이를테면 기업 친화적 규제 환경 조성이나 정부와의 계약 성사 등이 필요할 때 정치에 영향력을 행사한다." 한마디로 얻을 게 있으면 로비를 하고 없으면 하지 않는다는 것으로 요약되는데, 이런 가정을 현재 미국 정치권에 막강한 영향력을 행사하는 대기업의 로비에 적용하는 것은 매우 순진한 생각이다. 로비의 성격이 이제 완전히 바뀌어버렸기 때문이다. 그런 가정은 아주 초창기 로비의 역사에서나 통할법한 이야기다.

대기업들이 로비를 통해 정치권을 자신들의 손아귀에 넣게 된 과정을 오랫동안 관찰해온 뉴아메리카 재단(the New America Foun-dation) 선임연구원 리 드루트먼(Lee Drutman)은 2015년에 출간한 『미국 기업은 현재 로비 중(The Business of America is

— 부자는 어떻게 가난을 만드는가

Lobbying)』이라는 책에서, 이제 대기업에게 있어 국회 로비는 필요조건이 아닌 필요충분조건이 돼버렸다고 단언했다. 이제 로비는 하는가 안 하는가를 놓고 고민할 문제가 아니라 반드시 해야 하는 문제가 되어버렸다는 것이다. 로비와 대기업은 불가분의 관계에 놓여 있다.

드루트먼의 이야기를 더 들어보자. 미국에서 대기업들의 국회 로비가 애초부터 이렇게 왕성했던 것은 아니다. 정치권이 부자들에게 편향적이었던 것은 어제오늘의 일이 아니지만, 1950~1960년대까지만 해도 로비는 오늘날의 로비에 비하면 비교가 안 될 정도로 점잖았다. 그래도 그때는 로비에도 일말의 양심과 균형감이 있었다는 얘기다. 무엇보다 당시는 대기업의 입김보다 노조와 시민 단체의 존재감과 영향력이 상대적으로 컸던 분위기였기에, 기업이 로비를 통해 부당이득을 챙길 수 있는 운신의 폭이 지금보다 훨씬 적었다. 해서 당시 기업의 로비는 상대적으로 "조야했고 또 그만큼 효과적이지 못했다"고 드루트먼은 분석한다.

이와 비슷한 의견을 낸 학자들은 또 있다.『미국 기업과 공공 정책(American Business and Public Policy)』이라는 책에서 레이먼드 바우어(Raymond Bauer)를 비롯한 세 명의 연구자는 당시(1960년대)의 "전형적 로비는 야로를 부릴 기회가 극히 제한적이었고, 로비스트들도 그저 평범했으며, 로비의 전형적 목적도 국회를 움

───── "나는 로비스트를 고용할 돈이 없는 99%다"라는 문구의 피켓을 들고 시위하는 뉴욕의
시민.

― 부자는 어떻게 가난을 만드는가

직여 표의 향방을 바꾸는 것이 아니라 기업체가 어떻게든 살아날 방법을 강구하는 데 맞추어져 있었다"고 기술했다. 이것만 봐도 1960년대 이전까지의 기업 로비는 현재의 막강한 힘에 비하면 그야말로 유야무야했다고 판단된다.

하지만 오늘날의 상황은 완전히 바뀌었다. 드루트먼의 말로 옮기자면 "존재감이 미약한 그저 수동적 존재에서 이제는 갈수록 선제적인 공격을 퍼붓는 무소부재의 슈퍼 갑으로 변한 대기업 로비의 진화야말로, 지난 40년간 미국 정치에 있어 가장 중요한 변화 중 하나"가 될 정도로 로비의 성격이 180도 바뀐 것이다. 이런 변화는 기업의 로비가 이제 더 이상 준수한 수준(normal level)이 아니며, 그로 인해 기업들은 다른 어떤 것도 통제할 수 없을 정도로 막강해져가고 있음을 말해준다.

이런 극적인 변화는 1970년대 들어 일어난다. 드루트먼은 1972년에 설립된 경영자 원탁회의(Business Roundtable)에서 그 시발을 찾는다. 그 모임의 설립자 중 하나인 존 하퍼(John Harper)는 비용 증가, 낮은 경제성장, 임금 인상 등 당시 사업주에게 불리하게 돌아가던 환경을 지적하며 "이제 기업이 구시렁대지만 말고 뭔가 행동을 취해야만 한다"고 공세적인 분발을 촉구했다. 이후부터 기업들은 정치적 행동에 관심을 가지며 그 일환으로 로비스트들을 본격적으로 고용하기 시작했다. 그 결과 사주와 기업은 승승장구하기 시작한다. 대표적인 성취로는 근로자 편에서 제정되었던 주요 노동개혁법에 비수를 꽂았고, 기업 규제를 격퇴했으며, 세율 인하를 얻어냈다. 그리고 경제에서 정부의 간섭을 감소시키는 쪽으로 여론을 형성하는 데 성공했다.

사실 이것만으로도 기업은 로비를 통해 정치권 대 기업의 전쟁, 그리고 국민 대 기업의 전쟁에서 대승을 거둔 것이다. 그러나 기업은 이 정도에서 순순히 물러날 대상이 아니었다. 1980년대 들어 로비를 통해 혁혁한 대승을 거둔 기업은 샴페인을 터트리며 승리에 도취하지 않고 정치권을 더욱더 압박하기 시작했다. 이제 기업주들은 로비스트들을 통해 워싱턴에서 돈이 걸려 있는 일이라면 무엇이든 한 치의 소홀함 없이 예의 주시하면서 정치권이 계속 기업들 편에서 행동하게 만드느라 혈안이다. 1980년대 이전까지는 기업들이 정치권을 그저 피할 수만 있다면 피하는 일종의 '필요악(a necessary evil)'으로 인식했다면, 이후부터는 정치권을 일종의 사업상 필요한 '파트너'로 여기기 시작한 것이다. 물론 관계(파트너십)의 주도권은 정치권이 아닌 기업이 단단히 틀어쥐고 있다.

쉽게 설명하면 이렇다. 1980년대 이전까지 정치권(정부와 국회)과 기업의 관계에서 "뭐 얻어먹을 게 없나" 하고 눈치를 보는 쪽은 어디까지나 기업이었다. 그러나 이후 로비의 진화와 함께 전세는 완전히 역전되었다. 다시 말해 칼자루를 완전히 기업 쪽이 쥐

— 부자는 어떻게 가난을 만드는가

게 된 것이다. 이제 눈치를 보는 쪽은 정치권이며, 대기업이 정치권을 거느린다. 또 최근엔 이렇게 누가 봐도 뻔한 더러운 관계를 교묘히 위장하기 위해 월가의 금융회사를 비롯한 대기업이 이른바 싱크탱크라고 불리는 유명 연구소들도 돈으로 장악하고 있다. 그렇게 돈을 받은 연구소들이 마치 객관성을 담보한 것처럼 보이는 보고서를 작성해 의회에 제출하거나 공개하면, 정치권은 그 보고서를 바탕으로 기업에 유리한 입법을 한다.

그러면 그 법은 누구를 위한 법이겠는가? 노동자가 아닌 기업, 국민이 아닌 기업, 국가가 아닌 기업을 위한 법일 게 뻔하다. 이것은 분명 정치권의 직무 유기이며 배임 행위다. 탐욕에 눈이 멀어 노동자, 국민, 그리고 자신들의 국가 등 뭐든지 다 팔아먹을 지경에 이른 것이다. 양식 있는 학자와 정치인 들이 이것을 보고 판 자체를, 룰 자체를 바꾸지 않는 이상 미국은 변모할 가능성이 전혀 없다고 주장하고 있는 것이다.

또 하나의 예를 들면서 이 장을 마치려 한다. 월가 규제법 중 하나인 도드-프랭크 법은 앞서 언급했듯 개정안이 통과되면서 종이호랑이가 되어버렸다. 월가는 이 법이 처음 논의되던 시점부터 국회 금융위원회 소속 의원들에게 정치헌금을 대량 살포했다. 그 정치헌금을 받은 대표적인 사람이 바로 지난 회기 금융위원회 의장이었던 젭 헨살링(Jeb Hensarling) 의원이었다. 그는 정치활동위원회(PAC), 일명 '슈퍼팩(super PAC)'이라고도 불리는 조직에서 13차례 기부를 받은 바 있는데, 이 조직은 이익단체들이 자신들의 정치적 사회적 목표에 맞는 후보자를 당선시키거나 반대로 그렇지 않은 후보자를 낙선시키기 위해 일종의 후원회 형태로 만든 선거운동 단체다. 그런데 헨살링의 정치활동위원회에 자금을 댄 주체는 바로 뱅크오브아메리카, 시티그룹, 골드먼삭스, JP모건과 같은 대형 금융회사였다. 생각해보라. 바로 그런 회사들에게 철퇴를 내리기 위해 마련된 도드-프랭크 법이 사실상 입안 단계부터 그 시행 대상자들의 입김을 받았으니 온전할 턱이 있겠는가.

애초에 외부를 의식해 만드는 시늉만 하다가 여론이 잠잠해지면 없앨 것을 염두에 둔 그 법은, 결국 4년 만에 식물 상태가 되어 사실상 폐지되었다. 이 모두가 월가의 계획된 수순이었다. 자신들 뜻대로 정치권을 꼭두각시 삼은 것이다. 이러니 드루트먼의 말대로 미국 기업들이 로비에 중독이 안 될 수 있겠는가.

우리가 여기서 직시해야 할 것은 이런 와중에 곤란을 겪는 것은 미국의 상위층이 아닌 중산층 이하의 서민들이라는 것이다. 일하는 중산층, 노동자 중산층은 일자리에서 쫓겨나 빈곤층으로 밀려나면서 고단한 하루하루를 보내고 있다. 그래서 되묻지 않을 수 없다. 기업과 정부, 그리고 국회와 로비는 과연 누구를 위해 존재하는 것인가?

— 부자는 어떻게 가난을 만드는가

고삐 풀린 금권정치

앞 장에서 우리는 기업들이 자신들의 탐욕을 충족시키기 위해 로비를 통해 정치권을 좌지우지하고 있고 그 와중에 그들의 안중에도 없는 중산층은 하릴없이 몰락하고 있음을 살펴보았다. 이번에는 기업들이 아예 자신들의 구미에 맞는 '딸랑이' 인사들을 직접 정치권에 앉히기 위해 어떤 짓을 하는지를 들여다보자. 그런데 그 인사들 중에는 국회의원뿐만이 아니라 주지사, 심지어 대통령까지 총망라되어 있다.

대표적인 예가 바로 2014년 11월에 치러진 미국 중간선거였다. 미국 언론들은 이 선거가 대대적인 '전(錢)의 전쟁'으로 변질된 '돈 선거'였다고 규정하며 우려를 표명했다. 지금은 오바마의 인기가 조금 높아져서 분위기가 약간 다르지만, 중간선거 당시는 오바마 때문에 민주당의 패배가 예견되고 있었다. 〈월 스트리트 저널〉도 재작년 중간선거는 분노한 국민들이 확실히 오바마에게 "한 방 먹인(Shellacking)" 선거였다는 취지의 사설을 낸 바 있다.

당시 오바마의 국정 운영에 대한 지지도가 상당히 낮음을 일찌감치 눈치챈 민주당이 택한 중간선거 전략은 교묘하게 오바마와 거리를 두는 것이었다. 그와 연결 짓는 즉시 표 떨어지는 소리가 뚝뚝 들렸기 때문이다. 오죽했으면 조지아 주 상원의원 후보로 출마한 어떤 이는 상대 당인 공화당 출신의 전 대통령 조지 W. 부시와 자신이 정치색을 같이한다고 공개적으로 떠들고 다녔겠는가. 상황이 그랬기에 오바마는 지원 유세도 민주당 상원의원 후보들이 아니라 상대적으로 관심이 덜한 민주당 주지사 후보들에게만 갈 수 있었다. 그것도 전통적인 민주당 텃밭인 메릴랜드 주나 메인 주 같은 곳으로 말이다. 그러나 이들 지역도 공화당 후보들이 주지사로 당선되어 꼴이 말이 아니게 되었다.

그렇다고 오바마가 그 선거에서 아무런 힘을 보태지 않은 것은 아니다. 그가 발군의 힘을 발휘한 곳이 있었으니 바로 정치헌금 모금 현장이었다. 오바마는 갑부들을 겨냥해 전국의 모금 현장을 뻔질나게 드나들었다. 〈월 스트리트 저널〉은 오바마가 6년의 재임 기간 동안 어느 전임 대통령보다 더 자주 모금 행사에 나타났으며

— 부자는 어떻게 가난을 만드는가

2014년 들어서만 모금 행사 참석 횟수가 40회를 넘어섰다고 보도했다. 그러나 이런 행보에는 정녕 문제가 있다.

우선 해결해야 할 현안들이 산적해 있는데 백악관을 그렇게 수시로 비우면서 국정 수행은 언제 하느냐는 것이다. 또한 중간선거 당시 거부들이 모인 장소에서 오바마가 노상 단골 메뉴로 올린 것이 그들은 안중에도 없는 '친중산층' 의제였으니 웃기는 장면이 아닐 수 없다는 것이다. 물론 오바마가 써먹을 수 있는 카드는 그것밖에 없는 것이 현실이었고, 지난 두 번의 대선에선 약발이 먹힌 카드이기도 했다. 하지만 그때는 상황이 달라져 있었다. 그의 '친중산층'이라는 화두가 단지 입에 발린 수사임을 국민들 누구나 알고 있었기 때문이다.

어쨌거나 언론에서 '돈 선거'였다고 규정한 지난 중간선거 때 오바마까지 갑부들을 대상으로 한 정치헌금 모금 현장에 수시로 드나든 것을 보면, 미국 정치가 얼마나 금권정치(plutocracy)로 치닫고 있는지를 확인할 수 있다. 권력이 국민으로부터 나오는 민주주의와는 완전히 상반되는, 경제력 있는 소수의 부자가 전횡하는 금권정치 앞에서 보수와 진보, 공화당과 민주당, 여야의 구분은 아무런 의미가 없다. 모든 정치인이 떡고물을 받아먹기 위해 간과 쓸개를 빼고 달려들어 금권을 쥔 자들의 충견이 되기 때문이다. 그러는 동안 안타깝게도 국민은 사정없이 내팽개쳐진다. 이런 현

© Todd Blaisdell / Flickr

────── 2011년 10월 뉴욕 주코티 공원, '월가를 점령하라' 시위 현장에서 한 남성이 "우리는 금
권정치가 아닌 민주주의를 원한다"라는 피켓을 들고 시위에 동참하고 있다.

─ 부자는 어떻게 가난을 만드는가

실을 두고 MSNBC의 시사 프로그램 〈하드볼(Hardball)〉의 진행자 크리스 매슈(Chris Matthew)는 "미국의 상원의원들이 떡고물을 구걸하기 위해 거부들에게 달려가는 이 기막힌 현실이 바로 미국 정치다"라고 개탄할 정도다.

주지하다시피 미국 대법원은 이미 2010년과 2014년 4월에, 후보의 외곽 단체 격인 이른바 '슈퍼팩'에 개인이 기부할 수 있는 정치자금 한도를 아예 없애버렸다. 그러다 보니 2014년 중간선거에 정치자금이 봇물 터지듯 쏟아져 들어온 것이다. 〈로스앤젤레스 타임스〉는 이때 쏟아져 들어온 돈의 규모가 약 6억 8900만 달러(약 8300억 원)로, 2010년 중간선거 때보다 약 2배에 이를 것으로 추정했다. 〈USA 투데이〉는 그중 2억 달러는 고작 42명의 갑부가 낸 것이라고 보도했다. 그런데 그 액수는 단지 추정일 뿐이다. 슈퍼팩에 기탁된 정치자금의 규모와 지출 내역은 당국의 신고 대상이 아닌 그저 출처가 묘연한 '눈먼 돈(murky money)'이기 때문이다. 그래서 이 돈을 '검은돈'이라고 부르기도 한다. 규제에서 완전히 벗어난 이런 돈을 정치인들이 좋아하지 않을 수 없고, 그러면 그럴수록 정치에 있어 대부호들의 입김은 거세질 수밖에 없다.

이 대목에서 잠시 생각해보자. 이런 슈퍼팩 제도를 누가 만들었을까? 물론 정치인이 만든 것이지만 그렇게 하도록 뒤에서 조종한 자는 로비스트들이며, 그 로비스트들 뒤에는 극소수 부호가 있었다. 결국 슈퍼팩은 부호들이 검은돈을 합법화하기 위해 고안해 낸 것이라는 말이다.

다시 말해 슈퍼팩을 통해 들어오는 돈은 말이 정치 후원금이지 뇌물이나 다름없다. 중간 수수료를 줘야 하는 로비스트들을 거칠 필요 없이 직접 뇌물을 줄 수 있는 이 슈퍼팩 제도는 한마디로 정치인들을 돈으로 쥐락펴락하겠다는 부자들의 야욕과 정치인들의 자발적 협잡이 빚어낸 결과물이다. 이런 정도의 일은 어느 나라에나 있는 것 아니냐고 딴죽을 거는 이들이 있을 것 같아 미리 말하겠다. 아무리 그래도 미국처럼 대놓고 정치자금 기부의 한계를 법으로 풀어버린 나라가 과연 어디 있느냐고 말이다. 내가 과문한 탓인지 모르지만 다른 나라에서도 이렇게 한다는 말은 아직 들은 바가 없다.

오바마도 2010년 무제한 기부를 허용한 법원을 향해 "민주주의의 적"이라고 맹비난하며 그런 더러운 모금 행사에 절대로 참석하지 않겠다고 선언했었다. 그러나 그런 말을 내뱉기가 무섭게 약속을 파기하고 부지런히 모금 행사에 참석해 돈을 그러모았다. 국민과 한 약속 파기, 그것이 오바마의 주특기인가 보다. 앞서 보았듯 그는 도드-프랭크 법의 원안도 폐지해버리고 껍데기만 남겨놓았으니 말이다. 어쨌든 오바마의 정치 모금 행사 참석은 뻔질났으며, 그것도 국가적 행사가 아닌 순전히 소속 당을 위한 행사인데

— 부자는 어떻게 가난을 만드는가

| 미국 역대 대통령 정치 모금 행사 참석 횟수 |

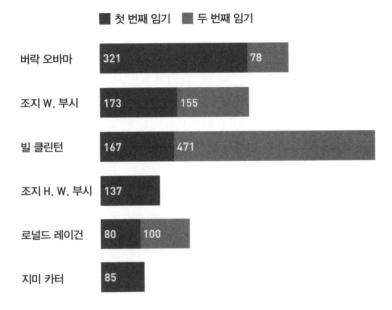

■ 첫 번째 임기   ■ 두 번째 임기

버락 오바마 — 321 / 78

조지 W. 부시 — 173 / 155

빌 클린턴 — 167 / 471

조지 H. W. 부시 — 137

로널드 레이건 — 80 / 100

지미 카터 — 85

출처 : 〈월 스트리트 저널〉

―――― 오바마는 6년 재임 기간 동안 전임 대통령들보다 더 많이 모금 행사에 참석했다. 2014년 8월 현재에만도 40회가 넘는다.

도 대통령 전용기를 사용해 참석했으니 국민 혈세까지 허투루 낭비한 셈이다.

그렇다고 누가 봐도 번듯한 공식적인 장소에서 모금한 것도 아니다. 그가 모금하러 다닌 장소는 대기업 회장이나 부호 들의 사저였다. 2014년 7월 시애틀에서 열린 민주당 상원 장악을 위한 슈퍼팩은 전 코스트코 최고경영자 짐 시네걸(Jim Sinegal) 집에서, 그리고 그 일주일 전 있었던 하원 장악을 위한 슈퍼팩은 맨해튼의 한 사가에서 벌어졌다. 로스앤젤레스의 슈퍼팩 모금은 ABC 방송 드라마 〈스캔들〉의 제작자 숀다 라임스(Shonda Rhimes)의 집에서였다. 오바마가 그 모임에 참석은 했지만 결코 기금 모금은 하지 않았고 돈은 오바마가 떠난 후 걷혔다고 한 백악관과 슈퍼팩 관계자의 옹색한 변명을 듣다 보면, 〈뉴욕 타임스〉 칼럼을 통해 "그것은 한 편의 웃지 못할 촌극(silly farce)이었다"고 비꼬은 데이비드 파이어스톤(David Firestone)에게 공감하게 된다.

참고가 될까 싶어 부연한다. 그 로스앤젤레스 슈퍼팩 모금 장소에 입장하고 대통령과 사진 촬영하는 데 1만 달러(약 1200만 원), 저녁 식사가 포함되면 2만 달러, 공식 초대장에 이름이 오르면 최하 3만 2400달러였다. 물론 그 10배 이상도 자유롭게 낼 수 있었다. 파이어스톤은 "이제 오바마와 민주당에게도 미국 정치에 거금이 남용되는 것을 종식시켜달라고 요구할 수 없게 되었다"고 한탄

— 부자는 어떻게 가난을 만드는가

했다. 당연하게도 슈퍼팩의 마수는 공화당에까지 뻗쳐 있다. 언론인 크리스토퍼 콜드웰(Christopher Caldwell)은 〈파이낸셜 타임스(Financial Times)〉에 기고한 글에서 이런 현상이 정말로 "불온한 전개(ominous development)"이며 길게 볼 때 분명 "금권정치의 전조(harbinger of plutocracy)"라고 지적했다. 그러나 내가 볼 때 미국의 금권정치는 전조를 보이는 수준이 아니라 이미 한창 진행 중인 현상이다.

이런 식으로 지난 중간선거에서 모금된 돈은 초접전 경합 지역에 무차별적으로 살포되어 상대방의 비방과 흑색선전에 사용되었다. 돈을 낸 거부가 개인적으로 원하지 않는 후보를 표적해서 떨어뜨리거나 원하는 후보를 당선시키는 데 집중적으로 이용된 것이다. 이것이 시민들의 흥겨운 축제가 되어야 할 지난 중간선거가 그들에게 철저히 외면당한 이유다. 시민들이 얼마나 무관심했으면 선거 당일에 투표장에서 하프가 연주되고 크루아상과 커피는 물론 심지어 스테이크까지 제공되는 장면을 방송으로 내보내며 투표를 독려했겠는가.

중산층 이하 서민들과는 별개의 축제로 변질된 이런 '돈 선거'가 향후 더 극성을 부릴 것으로 예상된다. 2016년 대선에서도 극소수 거부의 영향력은 전보다 더욱 기승을 부렸다. 책임정치센터(Non-Partisan Center for Responsive Politics) 원장인 실라 크룸홀

츠(Sheila Krumholz)는 올해 대선을 앞두고 "정치자금 모금을 선도하고 그 기차를 이끈 소수 거부가 2016년 대선에서도 맹활약할 것"이라고 〈USA 투데이〉와의 인터뷰에서 예견했다. 또한 의회 전문지 〈힐(The Hill)〉은 올해 대선 비용이 2012년 대선 비용의 배에 달해 최대 50억 달러(약 6조 원)에 이를 것으로 내다봤다. 이 같은 〈힐〉의 예측 역시 이제껏 살펴본 바대로 손에 꼽히는 몇 명의 거부가 2016년 대선에서도 호주머니를 열 것이 자명하다는 뜻을 담고 있었다.

우려한 대로 대선 경선 과정에서부터 이른바 '전(錢)의 선거'가 어김없이 재연되었다. 2016년 4월 15일 배우 조지 클루니의 자택에서 열린 민주당 힐러리 지지 정치 모금 행사에서, 클루니 부부 및 힐러리와 같이 앉을 수 있는 헤드테이블의 두 좌석 자리 값이 최하 35만 3400달러(약 4억 2000만 원)였다. 그리고 이날 단 하룻밤에 모인 전체 모금액이 무려 1500만 달러(약 180억 원)였다. 이를 두고 같은 당 경선 후보 샌더스는 "썩을 대로 썩어 역겹기만 하다(corrupt and obscene)"고 일갈했다.

대다수 국민이 더 이상 정치에 기대할 것이 없다며 정치적 무관심을 보이고 있는 가운데, 엄청난 부를 가진 슈퍼 갑부(super rich)들이 가난한 이들을 위한 조건 없는 기부는 거들떠보지도 않고 한도가 풀린 정치자금 기부에나 막대한 돈을 쏟아붓고 있는 이유는

— 부자는 어떻게 가난을 만드는가

삼척동자도 다 안다. 자신들의 고삐 풀린 탐욕을 더 만족시키기 위해, 자신들만의 미래를 위해 정치인들을 매수하고 있는 것이다. 그러면 그럴수록 그들의 배는 더 부르게 되고 중산층의 배는 더 곯게 된다.

'전의 정치'로 인해 미국 중산층의 미래는 더 암울할 뿐이다. 이러니 속이 썩어가는 의식 있는 서민들이 국회로 달려가 민주주의의 기본인 '1인 1표(one person, one vote)'를 보장하라며 목이 터져라 외치고 있는 것이다. 그러나 돈에 잠식된 정치가들은 이들을 외면하고, 이들에게 돌아오는 것은 체포와 벌금 50달러뿐이다. 그래도 시민들은 아랑곳 않고 아예 50달러를 들고 시위에 나서고, 모금에 참석하러 가는 힐러리의 차량에는 역겹다는 의사 표시로 1달러 지폐를 다량 뿌려대기도 했다.

2014년 중간선거 직전에 〈월 스트리트 저널〉에 실린 미네소타주의 한 여성 유권자 인터뷰를 소개하면서 이 장을 마치기로 한다. 건강이 나빠 일을 더 이상 하지 못한다는 이 58세 주부는 이렇게 말했다.

"우리 가족은 스마트폰은커녕 아직도 2G 폴더 휴대폰을 쓴다. 차는 굴러만 가는 아주 오래된 똥차다. 식료품점에서 일하는 남편은 일하느라 등골이 빠질 지경이다. 가족이 함께 일요일에 교회에 가본 지도 오래전이다. 추수감사절? 휴일? 그런 것은 남의 일이고 사치다. 남편이 휴일에도 일을 하지 않으면 우리 가족은 살아남지 못한다. 하지만 지금 미국의 어떤 정치인도 우리 같은 소시민이나 중산층엔 전혀 관심을 기울이지 않는다."

자선 자본주의로 위장한
금권과두정치

앞 장에서 나는 자신들의 무한한 탐욕을 더 충족시키기 위해 아예 구미에 맞는 인사들을 정치권에 포진시키려 드는 미국 거부들에 대해 살펴보았다. 그들은 로비를 통해 상한선도 없고 일체의 감시 감독도 받지 않는 정치 후원금을 보장하는 일종의 신종 정치자금법을 마련해 자신들 손아귀에서 정치권을 마음껏 주물럭거리는 '금권정치'의 전형을 보여주고 있다.

그러나 그들은 겉으로 보기에는 선의의 얼굴을 하고 있고, 그런 얼굴로 다양한 형태의 기부 활동을 벌이고 있다. 가령 페이스북 최고경영자 마크 저커버그는 최근 자신의 지분 99%를 사회에 환원하겠다고 해서 세간의 칭송을 얻었다. 사실 천문학적 재산을 가진 미국 갑부들의 통 큰 기부는 마이크로소프트의 빌 게이츠를 시작으로 하여 일종의 문화로 정착된 듯이 보인다. 이베이 회장 피에르 오미디어(Pier Omydir), 애플의 스티브 잡스의 부인 로런 파월 잡스(Laurene Powell Jobs), 구글 공동 창업자 래리 페이지(Larry Page)와 세르게이 브린(Sergey Brin) 등도 그런 기부 릴레이를 펼친 인물들이다.

우리나라 사람들은 특히나 그들의 활동에 찬사를 보내며 부자들의 기부 문화가 정착한 미국에 부러움을 느끼고 있다. 왜 안 그렇겠는가? '땅콩 회항'으로 대표되는 소위 '슈퍼 갑질'들, 재벌가가 재산을 두고 벌이는 가족 간의 아귀다툼, 사회 환원은커녕 수단 방법을 가리지 않고 자식에게 재산을 물려주려고 벌이는 재벌들의 온갖 꼼수에 지친 우리나라 국민들에게 미국 재벌들의 기부이야기는 훈훈하게만 느껴지기 때문이다.

그러나 미국 재벌들의 기부는 마냥 칭송만 할 일이 아니다. 왜 그럴까?

첫째로, 그들의 기부는 우리가 생각하는 그런 온전한 형태의 기부가 아니기 때문이다. 저커버그만 해도 그렇다. 그는 그의 지분 99%를 이른바 '유한책임회사(LLC)'를 설립해서 거기 투자하는 형태로 기부하겠다고 했다. 유한책임회사는 자선 재단이 아니라 엄연한 투자회사다. 따라서 그 회사는 설립 초기에는 기부라는 설립

목적상 세제 혜택을 받을 수 없다 해도 이후로는 다양한 명목의 절세가 가능하다. 또한 '유한책임회사'라는 말 그대로 각종 책임으로부터 자유로울 여지가 많다(우리나라 가습기 살균제 사건의 핵심 가해자인 옥시도 책임 회피를 목적으로 발 빠르게 회사를 유한책임회사 형태로 돌렸다). 게다가 그런 회사의 지배권은 상속세를 내지 않고도 자녀에게 양도가 가능하니, 저커버그 입장에서는 그야말로 꿩 먹고 알 먹기다. 겉으로는 온갖 생색을 낼 수 있었던 그의 기부는 알고 보면 알토란같이 실속을 챙기기 위한 방편이었다. 그래서 〈뉴욕 타임스〉는 저커버그의 기부가 "돈을 이 호주머니에서 저 호주머니로 옮긴 것" 그 이상도 이하도 아니라며 그에 대한 칭송이 온당하지 않음을 신랄하게 꼬집었다. 사실 이런 실속 챙기기형 기부가 미국 갑부들의 새로운 트렌드로 자리 잡은 현상은 칭송할 일이 아니라 분노할 일이다.

둘째, 갑부들의 기부는 이른바 '자선 자본주의(philanthrocapitalism)'를 형성한다는 것이다. 자선 자본주의는 기부자가 어떤 뚜렷한 목적의식을 지니고 어젠다를 만들어 사회 변화를 주도하는 것을 말한다. 알려진 바대로 기부 시 빌 게이츠는 에이즈 퇴치와 인구 조절, 기후변화 대책 등을, 그리고 저커버그는 인류의 잠재력 진보를 어젠다로 내세웠다.

그러나 이런 자선 자본주의가 민주주의에 반한다는 비판이 제기되고 있다. 그것은 기부와 박애, 그리고 그럴싸한 어젠다로 포장되어 있지만 한 꺼풀만 벗겨보면 결국 극소수의 경제 엘리트에 의한 '과두제(oligarchy)'와 일맥상통하기 때문이다. 다시 말해 자선 자본주의는 극소수의 부호가 자신들의 금권을 이용해 사회·정치적 권력까지 장악하는 것이다. 정치가나 행정가도 아닌 극소수 부호가 돈이 많다는 이유만으로 전체 사회 구성원의 사회적 합의로 도출되어야 마땅한 어젠다를 선점해 뜻대로 밀어붙이는 것, 즉 자신들의 뜻대로 세상을 바꾸어 결국 세상을 지배하겠다는 불온한 야욕이 숨겨져 있는 것이 자선 자본주의라는 말이다. 그것은 이름만 들어도 살 떨리는 '과두제적 금권정치'로 가는 교두보로서 결코 칭송해서는 안 된다. 바로 우리(미국인과 한국인, 그리고 전 세계 시민)가 원하는 자유민주주의와 대척점에 있는 것이기 때문이다.

세 번째로, 백번 양보해서 그들 기부의 진정성을 곧이곧대로 받아들인다 하더라도 사회 전체적으로 볼 때 국가나 사회가 소수 부자의 기부에 의지하는 것이 과연 옳은가 하는 문제가 남는다. 어떤 사람들은 어쨌든 그런 부호들의 기부가 없는 것보다는 있는 것이 낫지 않느냐고 할 것이다. 그런 사람들에게 부자들의 기부보다 부유세 부과 및 부자 증세가 먼저라는 말을 하고 싶다. 아니 그것은 차치하고라도 부자들이 교묘히 법망을 피해 저지르는 다양한 탈세 행위(가령 국외로 회사로 옮겨 도모하는 조세 회피 등)만 막아도 부자들의 기부에 의지할 필요가 없다. 서민들은 등골이 휠 정도로 세금을 내는데 이른바 '낙수 효과'라는 미명하에 부자들의 짐을 덜어준 부조리한 세법만 고쳐도 그까짓 부자들의 기부는 아예 필요 없다는 말이다. 정의로운 공평 과세 요청이 기부의 필요성을 능가하는 이유다. 잔뜩 생색만 내고 정작 서민들의 생활엔 아무런 도움을 주지 못하는 부자들의 기부, 그것이 공평한 과세보다 시급하고 절실한 것일까? 전혀 아니다.

브루킹스 연구소의 부소장 대럴 웨스트(Darrell M. West)도 나와 비슷한 견해를 피력한다. 웨스트는 1000명이 넘는 세계 최고의 갑부들을 연구한 『억만장자들: 최상류층의 초상(Billionaires: Reflections on the Upper Crust)』(2014)이라는 책에서, 그들의 정치적 지배력이 갈수록 커질수록 중산층은 몰락했음을 증명했다. 대럴이 이 책에서 제시한 극소수 부자의 전횡 및 불평등 심화 저지를 위한 해법은 부유세를 2%대나 3%대에서 일단 시작할 것, 자본 소득세(capital gain tax) 및 상속세를 늘릴 것, 그리고 펀드 매니저들의 성공 보수(carried interest) 폐지 등이다.

미국 갑부들의 기부가 칭송만 할 일이 아닌 마지막 이유는, 그로 인해 승자독식 사회를 수정할 필요성이 희석될 위험이 있기 때문이다. 사회 구성원이 경제성장의 결실을 비교적 골고루 가져가는 사회가 극소수 부자가 기부로 생색내는 사회보다 훨씬 낫다. 그런데 안타깝게도 부자들은 그들이 노력한 것 훨씬 이상의 결실을 독식하고 있다. 판 자체가 그들에게 유리하게 만들어져 있기 때문이다. 기부도 좋으나 그 이전에 재산을 어떤 식으로 벌고 늘렸는가가 훨씬 중요하다. 갈수록 부익부 빈익빈 현상이 심화되는 신자유주의 체제에서, 부자들이 쉽사리 그들의 부를 천문학적으로 불리게 하는 시스템(판)을 교정할 필요성을 절대 망각해서는 안 된다. 부자들의 기부가 자칫 이런 문제를 호도할 수 있다. 사실 큰 금액을 기부하는 극소수 부자에 대한 열렬한 환호 자체가 그런 호도를 증명하는 것이다. 이를 지켜보는 그들이 지을 미소는 조롱 섞인 비웃음일 것이 뻔하다.

요약하면, 극소수 부자의 기부는 그들이 원하는 세상을 만드는 데 동원된 사탕발림일 뿐이다. 오호라, 누가 그들의 브레이크 고장 난 폭주 기관차를 멈출 수 있을 것인가?

chapter 16

오바마 케어로
부자 품에 안긴 오바마

금권에 의해서 휘둘리는 미국 정치권의 최고 정점에는 대통령이 있다. 앞서 우리는 오바마가 대통령 전용기를 타고 정치자금을 뻔질나게 모으러 다니며, 월가 규제를 위해 마련된 도드-프랭크 법을 사문화하려는 의회 움직임을 묵인해 결국 그 법의 사실상의 폐지에 동조한 사실을 짚어보았다. 이 모두 금권정치의 적나라한 모습을 오바마 대통령 자신이 여실히 보여준 사례들이다.

　사실 오바마는 2008년 금융 위기 극복을 위해 선택된 카드다. 국민이 선택한 것 같지만 실은 금융 위기의 원흉인 월가와 대기업들이 간택한 인물이라는 말이다. 국민들은 오바마가 자신들의 희망, 즉 변화와 위기 극복의 열망을 대변해줄 줄 알았지만, 그리 오래지 않아 오바마의 본색을 알게 되었다. 오바마의 말과는 별도로 그의 행동이 철저히 월가 편이었기 때문이다.

오바마로선 그럴 수밖에 없지 않았겠는가. 2008년 대선 때 골드먼삭스, 시티그룹, JP모건 등 월가의 대형 금융기관들이 오바마에게 기부한 정치자금이 자그마치 1580만 달러(약 189억 원)다. 선라이트 재단(Sunlight Foundation)은 그 일을 두고 과거 20년 동안 월가로부터 그렇게 많은 선거 자금을 받은 것은 오바마가 처음이라고 폭로했다. 사실 당시는 월가 금융기관들이 금융 위기를 초래한 공공의 적으로 규정돼 그들에 대한 공분이 극에 달해 있었을 때였다. 그래서 그들이 마지못해 꺼내 든 카드가 유색 인종 후보인 오바마였다. 그 야로에 힘입어 당선된 오바마는 기회만 있으면 금융 위기의 주범인 대형 금융회사에 대한 처벌과 규제를 약속했지만, 그것은 단지 여론을 무마하기 위한 호언이요 교언영색에 불과했다. 애초부터 실행 불가능한 미션이었기 때문이다. 생각해보라. 대형 금융회사들로부터 천문학적인 선거 자금을 받아 당선된 대통령 중에 그들에게 철퇴를 가할 강심장이 누가 있겠는가. 이러니 오바마가 당선 직후 하와이에서의 골프를 첫 일정으로 잡은 것도 어느 정도 이해가 간다. 그에게 금융 위기 진화 의지는 처음부터 눈곱만큼도 없었기 때문이다. 사실 따지고 보면 그런 행보는 이후의 공약 파기에 비하면 새 발의 피다. 오바마 정부가 월가

— 부자는 어떻게 가난을 만드는가

에 내린 징계는 (애초의 약속보다 훨씬 덜한) 약간의 벌금이 고작이 었다. 그것도 금융 위기 발생 이후 거의 10년이 지난 최근에야 부 과되었다.

이것뿐이랴. 〈뉴욕 타임스〉는 오바마에게 선거 기부금을 많이 낸 사람들이 백악관을 제집 드나들듯 하고 있다고 폭로하기도 했 다. 그런 고액 기부자들 중에는 해외 대사 자리를 꿰찬 사람도 많 았다. 백악관과 그들 관계가 보여주고 있는 것은, 현재 미국 정치 가 금권정치이자 패거리 정치라는 증표라고 영국의 〈텔레그래프 (The Telegraph)〉는 날카롭게 꼬집은 바 있다.

오바마가 국민을 속인 최악의 꼼수는 전 국민 의료보험 제도인 이른바 '오바마 케어'일 것이다. 이것이 시행되기 전에는 약 5000 만 명에 이르는 미국인이 의료보험이 없는 의료 사각지대에 살고 있었기에 오바마 케어는 잘한 일이라고 평가하는 사람들이 있을 까봐 좀 자세히 다루겠다.

오바마는 자신의 임기 중 최대 치적으로 오바마 케어를 들 고 있다. 급기야는 올 7월 초순 〈미국의학협회지(Journal of the American Medical Association)〉에 대통령으로서는 재임 중 처음 으로 논문을 게재해 오바마 케어의 성과에 대한 자화자찬을 늘어 놓았다. 오바마 케어 시행으로 인해 비보험자 수가 2015년에 약 2900만 명(전체 인구의 9.1%)으로 줄어들었다는 것이다.

그러나 비보험자 수가 줄었다고 해서 오바마 케어가 과연 치적으로 삼을 만큼 훌륭한 것인가? 결론부터 이야기하자면 천만의 말씀이다. 오바마 케어는 많은 국민으로부터 원성을 높이 사고 있는 문제가 많은 의료보험이다. 무엇보다 그것은 우리의 국민건강보험과는 달리 공공보험이 아니고 사보험이다. 게다가 의무적으로 강제한 보험이라 불응할 경우 벌금까지 매긴다. 그동안 돈이 없어 비싼 사보험에 들지 못해 의료 사각지대에 놓여 있던 서민들은 오바마 케어에 잔뜩 기대하고 있었는데, 그것 역시 사보험에 기반해 있고 게다가 가입하지 않으면 벌금까지 내야 한다니 불만이 터져 나오지 않겠는가.

　사실 오바마 케어가 공공보험이 아닌 사보험 형태로 채택되게 하기 위해 보험회사와 제약회사가 워싱턴 정가에 펼친 로비 공세는 가히 융단폭격이라 할 만했다. 그야말로 목숨을 건 로비였다. 전 미국인이 의무적으로 들어야 하는 보험은 이들 회사로서는 노다지나 마찬가지였기 때문이다. 특히 오바마에게 공을 들이려고 이들 회사의 로비스트와 중역 들이 백악관을 뻔질나게 드나들었음은 〈뉴욕 타임스〉가 폭로한 바 있다. 여기에 놀아난 대통령이 사보험 형태의 법안 마련을 주도했고, 국회는 그 법안을 날치기로 통과시켰다. 그 결과 국민들이 값비싼 보험료를 강제적으로 지불해야 하는 부담을 떠안게 된 것이다. 국민을 위해 제정한다는 법안이

　　　　　　　　　　　　　　— 부자는 어떻게 가난을 만드는가

국민에게 엄청난 고통을 안겨주는 법으로 둔갑해버린 것이다.

노파심에서 말하지만, 오바마 케어 법안과 관련해 민주당과 공화당 사이에서 벌어졌던 갈등은 사실 허울에 불과했다. CBS에 따르면 2009년 오바마 케어 법안 통과를 앞두고 그것이 폐기되어야 한다고 주장했던 공화당의 존 베이너(John Boehner) 하원 원내 대표는, 수일 전에 그 법안이 통과될 것이라는 정보를 접수하고 해당 사보험사의 주식을 대량으로 매입해 대박을 쳤다. 말하자면 내부 정보를 통해 벼락부자가 된 것이다.

사실 오바마 케어의 원조는 2006년 매사추세츠 주에 도입된 의무적 의료보험법으로, 시민들의 거센 저항에도 불구하고 그것을 밀어붙였던 사람이 바로 당시 매사추세츠 주지사였던 윌러드 밋 롬니(Willard Mitt Romney)다. 그런데 후에 공화당 대선 후보가 된 롬니는 모순되게도 오바마 케어 폐지 선봉에 섰다. 미국 정치인들은 매사가 이렇다. 그런데 이렇게 썩어빠진 이들을 두고 우리는 날마다 칭송하고 부러워하니 코미디 아닌가?

오바마 케어의 또 다른 사악함은 그것이 실질적인 조세라는 점에 있다. 모든 이들이 강제적으로 들어야 하는 것이니 보험이 아닌 결국은 조세라는 지적에 대해서 오바마를 위시한 정부와 국회는 전혀 그렇지 않다고 답했다. 의료보험은 가입자가 실질적으로 직접적인 혜택을 보는 것이니 간접적으로 수혜를 입는 조세와는

© David Goldman / AP 통신

———— 2012년 6월 미국 워싱턴 D.C. 대법원 앞에서 오바마 케어의 '개별 강제 조항' 합헌 결정
이 내려지기 전에 반대 시위를 하고 있는 시민들. 한 시민이 오바마 가면을 쓰고 "오바마 케어
는 의사 진료 받는 것을 자동차 등록소에서 기다리는 만큼 어렵게 할 것이다"라는 피켓을 들고
시위를 하고 있다. 현재 미국의 자동차 등록소는 지자체 재정이 어려워 공무원을 대량 해고해서
인력이 부족한 상태라 업무를 보려면 엄청난 시간을 기다려야 한다.

— 부자는 어떻게 가난을 만드는가

성격이 판이하다는 것이다. 그런데 오바마 케어가 포함하고 있는 '캐딜락세(Cadilac Tax)'에 대한 논란이 가열되면서 오바마 케어의 본질이 만천하에 드러나게 된다. 결론부터 말하자면, 오바마 케어의 진정한 목적은 국민 건강 증진이 아니라 온 국민에게 간접세를 징수하는 것이다. 부자 증세를 하지 못하는 상황에서 애꿎게 서민들의 호주머니만 털어 가는 참 나쁜 간접세. 이것은 세수 확보 수단 그 이상 그 이하도 아니다. 이해를 위해 조금만 더 깊이 들어가 보자.

앞서 말한 '캐딜락세'라는 조항은 근로자가 고가의 의료보험 구입 시 매겨지는 일종의 특별소비세(excise tax)로, 근로자 한 개인이 연 1만 200달러(약 1440만 원) 혹은 근로자가 소속된 한 가구가 연 2만 7500달러(약 3300만 원) 이상의 고가 의료보험에 들 경우 40%의 세금을 부과하는 것이 골자다. 용어부터 '세금'이란 단어가 붙으니 오바마 케어는 세금이라는 말이 나오게 되었고, 그러자 이것은 이름만 '세금'일 뿐 사실은 세금이 아니니 오해하지 말라는 반론이 오바마 케어 주창자들에게서 제기되었다.

그 반론의 선봉에 오바마 케어의 최초 설계자인 MIT 경제학과 교수 조녀선 그루버(Jonathan Gruber)가 있었다. 그루버는 다음과 같이 주장했다. "오바마 케어가 실행되면 신규 가입자의 증가로 정부의 재정 지원이 늘어날 수밖에 없는 폐단이 있다. 그러나 캐딜락세는 의료보험비의 가격 하락과 국가 보조금 지급 감소 효과를 가져와 오바마 케어가 안고 있는 이런 단점을 보완해줄 것이다. 따라서 캐딜락세는 매우 바람직한 것이며, 그런 조항을 갖고 있는 오바마 케어야말로 최고의 의료보험 제도다." 게다가 캐딜락세는 결국 근로자의 의료보험금을 지원하는 기업이 무는 것이니 근로자와는 아무런 상관이 없고, 또 기업으로서는 세제 혜택(tax break)이 줄어드는 것이므로(기업이 세금을 더 내는 셈) 결국 국가와 (개별) 납세자 모두에게 유리하다고 주장했다. 심지어 그루버는 캐딜락세 시행 후 10년간 약 2230억 달러의 근로자 임금 상승효과까지 있을 것으로 전망했다. 캐딜락세가 시행되면 기업은 근로자들의 고가 의료보험 가입을 자제시킬 것이고, 그러면 그만큼 기업의 의료보험금 분담액은 줄어들 것이기에 그로 인한 이익을 근로자에게 돌려줄 것이라고 예측해서다. 이렇듯 다양한 이유를 들면서 그루버는 캐딜락세가 "세금인 듯 보이지만(walk like a tax or talk like a tax) 결코 세금이 아니다"라고 주장한 것이다.

그러던 그루버가 오바마 케어가 시행되기 시작한 2014년부터 돌연 자신이 했던 말들을 완전히 뒤집으며 오바마 케어의 실체 폭로에 나서고 있다. 최근 공개된 그의 몇몇 대학 강연 내용을 보면, 캐딜락세는 사측이 무는 것이 아니라 결국 근로자가 지불하는 것이며 그런 사실을 교묘히 감추고 세수 증대를 꾀한 것이 오바마

— 부자는 어떻게 가난을 만드는가

케어의 진정한 목적이라고 실토하는 그의 모습을 확인할 수 있다. 과거 미국 보건복지부 차관을 지냈던 테비 트로이(Tevi Troy)의 다음과 같은 내용의 〈월 스트리트 저널〉 칼럼을 보면, 그루버의 예전과 180도 다른 주장의 근거를 쉽게 이해할 수 있다.

캐딜락세를 물리면 2018년에서 2024년까지 매년 근로자 1명당 2700달러 이상을 사측이 물어야 하는데 이를 그냥 순순히 낼 바보 같은 고용주는 없다. 따라서 그 비용을 충당하기 위해 상품 가격을 올리거나 근로자의 임금을 삭감할 것이다. 다시 말해 그 비용이 고스란히 소비자와 근로자에게 전가된다는 것이다. 아예 캐딜락세를 물고 싶지 않은 고용주는 근로자로 하여금 저가 의료보험에 가입하도록 강권할 것이고, 이렇게 되면 결국 근로자의 납세액은 늘어나게 된다. 저가 의료보험은 소득공제가 적기 때문이다.

그루버는 이 캐딜락세 문제가 앞으로 점점 심해질 것으로 내다보고 있다. 2018년 기준으로는 캐딜락세가 적용되는 의료보험이 8%에 불과하지만, 의료보험금이 상승함에 따라 2031년쯤에는 거의 모든 의료보험 가입자가 이 간접세의 사정권 안에 들어올 것이 예상되기 때문이다. 그래서 그루버는 '캐딜락세'라는 명칭 자체부터 문제가 있다고 쐐기를 박았다. 그런 고급 차의 명칭을 딴 부가세는 대다수 국민이 '내 보험은 고가가 아니잖아'라며 방심하게 만드는 효과를 낳는다면서.

오바마 케어의 설계자이자 전도사 역할을 해왔던 그루버의 태도가 갑자기 돌변한 계기에 대해서는 알려진 바가 없다. 다만 그는 오바마 케어의 진정한 목적이 세수 증대(시행 후 10년간 약 1370억 달러)임을 처음부터 알고 있었다고, 오바마 행정부로부터 그런 목적에 맞는 법안을 기획하라는 주문을 받았었다고 폭로했다. 그러나 그의 폭로에 오바마 행정부는 그루버와의 관련성도, 오바마 케어의 숨겨진 원래 목적이 세수 증대라는 사실도 전면적으로 부인하는 대응 방식을 취했다. 하지만 그런 오바마 행정부의 가면은 여지없이 그리고 어이없게 벗겨졌다.

2014년 11월 〈워싱턴 포스트〉는 "그루버는 오바마 케어 기획팀이 아니었다"라는 오바마의 말이 완전히 거짓임을 드러내는 정황을 보도했다. 그루버는 오바마 행정부가 40만 달러(약 4억 8000만 원)를 주고 기안을 맡긴 명백한 오바마 케어 기획팀의 일원이며, 전 국민이 의료보험을 들게 하는 개별 강제 조항(individual mandate)의 기안자로서, 백악관의 대통령 집무실에서 오바마를 수차례 만난 증거를 밝힌 것이다. 한편 그루버가 폭로 이후 면피하기 위해 자신이 한 일은 그저 단순한 자문에 그쳤을 뿐이며 주관 부서와 별 접촉이 없었다고 한 발언의 진위는, 2015년 6월 〈월스트리트 저널〉의 보도에 의해 드러났다. 2009년 1월부터 2010년 3월 사이에 그루버와 오바마 행정부(백악관와 미국보건국HHS)

— 부자는 어떻게 가난을 만드는가

간에 오갔던 2만 쪽에 달하는 메일을 입수해 공개한 것이다. 이렇듯 언론에 의해 오바마 행정부와 그루버의 거짓이 만천하에 드러나자, 이를 두고 국회 감독위원회 위원장 제이슨 샤페츠(Jason Chaffetz)는 "그루버와 백악관/보건국의 유착 관계는 양자가 말하는 것보다 훨씬 더 깊었음이 틀림없다"고 말했다.

그렇다면 오바마 케어가 세수 증대를 목적으로 했다는 것을 전면적으로 부인한 오바마 행정부의 거짓말은 어떻게 되었을까? 그것은 오바마 행정부 자체가 법안이 통과되자마자 자인해버림으로써 어이없게 사실로 드러났다. 법안 통과 이전에 오바마는 "오바마 케어의 개별 강제 조항은 절대로 세수 증대 목적이 아니다"라고 기회가 있을 때마다 지속적으로 주장했었다. 한 가지 예를 보자. 2009년 ABC 뉴스와의 인터뷰에서 앵커가 웹스터 사전에 나온 '세금'의 뜻풀이를 오바마에게 읽어주며 자그마치 다섯 차례나 오바마 케어가 세금임에 분명하다고 몰아붙였을 때, 오바마는 단호하게 "비평가들은 모든 것을 세수 증대라고 주장하지만 나는 그런 주장을 거절한다"라고 말했었다.

이런 오바마와 그의 관료들이 오바마 케어 법안이 통과된 후에는 국민을 조롱하듯 매우 뻔뻔하게 태도를 바꾸었다. 오바마 케어의 위헌 여부를 가리는 대법원에서 오바마 케어가 사실은 세금이라고 당당하게 말을 바꾼 것이다. 대법원 판사 스티븐 브레이어

(Stephen Breyer)가 재판 중 오바마 정권의 법무차관인 도널드 베릴리(Donald Verrilli)에게 "차관은 왜 자꾸 (오바마 케어를) 세금이라고 부르는가?"라고 묻는 순간, 법정 참관석에서 실소가 터졌다. 이를 두고 〈워싱턴 포스트〉는 법무차관이 계속 '세금'이라는 말을 쓴 것은 "그루버가 이제야 인정하듯 오바마 기획팀은 초기 단계부터 오바마 케어가 세금임을 모두 알고 있었기 때문이며, 그들이 그 사실을 의도적으로 숨긴 것은 오바마 케어를 세금이라고 인정하면 결코 법안 통과가 불가능했기 때문"이라고 일갈했다.

2013년 펜실베이니아 대학 강연에서 그루버는 "투명성의 결여가 정치가들에게 막대한 정치적 혜택을 안긴다"면서, 그것을 간파하지 못하는 "유권자들의 아둔함(the stupidity of the American voters)이 결국 악법들을 통과시키는 데 큰 몫을 한다"고 대중을 한껏 조롱했다. 자신이 저지른 행위에 대한 반성은 눈곱만큼도 없이 말이다. 그 떳떳지 못한 기획의 장본인이자 공모자가 지금은 거기서 슬쩍 발을 빼는 듯한 야비한 제스처도 문제지만, 그의 폭로 이후 그에게 거금을 주고 오바마 케어 설계를 맡겼던 오바마 대통령이 그루버라는 인물을 전혀 알지 못한다고 부인하는 것을 보면서, 내 미간은 잔뜩 찌푸려졌다. 그러나 어차피 그것은 남의 나라 일. 단지 '세금인 듯, 세금 아닌, 세금 같은 세'인 캐딜락세가 포함된 오바마 케어의 실체를 아직도 정확히 인지조차 못하는 미

— 부자는 어떻게 가난을 만드는가

국 대다수 시민의 순진함이 안쓰러울 뿐이다.

결국 미국인들은 다른 사안과 마찬가지로 오바마 케어에 대해서도 나중에 가서야 실체를 파악하고, 자신들이 또 이용당했음을 알아차리게 될 것이다. 그러나 그때는 이미 버스가 떠난 후일 것이다. 오바마 케어는 결국 금융 위기로 인해 국가 재정이 갈수록 쪼그라드는 상황에서 부자가 아닌 일반 국민에게 세금을 더 걷어내려는 교묘한 술책으로 고안된 전 국민 의료보험 제도다. 다시 말해 그것은 국민 건강 보호와 증진을 위해 국가가 큰 결단을 내려 만든 제도가 아니라, 그저 부당하기만 한 징세 제도다. 그로 인해 민간 보험회사는 덩달아 배를 불리고, 국민들의 허리는 더욱 휘어진다.

이런 판에 우리나라 언론은 보수건 진보건 가릴 것 없이, 2015년 6월 말에 백인 우월주의자의 증오 범죄로 희생된 흑인 목사의 장례식장에서 오바마가 〈어메이징 그레이스〉라는 복음성가를 불러 인종 간 화해와 용서를 이끌어냈다며 그를 대통합의 아이콘으로 등극시켜 칭송했다. 참 한심하기 그지없는 코미디요, 무지의 소치다. 미국 정치는 그렇게 성스럽지도 깔끔하지도 않다. 오히려 금권으로 더럽혀져 온통 썩는 내만 진동할 뿐이다. 소설도 소설 나름. 이런 소설은 표절 소설보다 더 나쁘다. 반드시 근절되어야 할 소설이다.

한마디 덧붙이고자 한다. 우리나라 현 정부가 '증세 없는 복지'를 내세우면서도 담뱃값 등 간접세를 팍팍 올려서 결국은 증세 효과를 내고 있는 것은 누구나 다 알고 있는 사실이다. 그런데도 "증세 없는 복지는 허구"라고 입바른 소리를 한 자당 국회의원을 핍박해 실질적으로 내쫓았다. 우리나라 정치도 미국의 그것과 비교해볼 때 더하면 더했지 결코 못하지는 않다는 것을 알 수 있는 대목이다. 정부와 여당은 지난 총선에서 그 대가를 톡톡히 치렀음에도 불구하고 그 일을 교훈으로 삼고 있는지 의문이다.

— 부자는 어떻게 가난을 만드는가

chapter 17

미국 관료는 청백리인가

우리나라 언론과 사람들이 미국 정치권에 대해 갖고 있는 또 하나의 엉터리 소설이 있다. 미국 행정 관료들에 대한 이른바 청백리 인상이다. 과연 그럴까? 답은 이미 나왔다. 소설도 소설 나름 아주 엉터리 소설이라고. 국회의원과 대통령만이 국민의 편이 아닌 금력을 가진 자들의 편에 섰겠는가. 결코 아니다. 대통령 아래 행정 관료들도 마찬가지다.

그 대표적인 예는 월가 편들기의 달인이자 오바마 대통령의 연인이라 불리는 티머시 가이트너(Timothy Geithner)다. 오바마 정권의 초대 재무부 장관을 지낸 가이트너의 국민 기만 행위에 대해서는 이미 내가 이전에 간행했던 책에서 입이 아프게 다루어서 중

복되는 이야기는 하지 않겠다. 다만 짧게 몇 가지만 더 짚고 넘어 가기로 한다.

가이트너가 재무부 장관이 되자마자 내뱉은 일성은 월가를 규제하고 잘못한 것들을 처벌해 바로잡겠다는 것이었다. 마치 잘 훈련된 오바마의 앵무새처럼 말이다. 그러나 가이트너의 본심은 달랐다. 가이트너 자신이 월가의 악마들에게 영혼을 판 사람이기 때문이다. 아니 더 정확히 말하면 그는 영혼을 판 게 아니라 원래부터 월가와 같은 영혼을 공유하고 있었다. 그러니 가이트너의 월가 규제 장담은 곧 월가에겐 '이 말, 반어법인 거 알지? 내가 있으니 아무 걱정 말라'는 위안의 복화술이었다.

나는 재무부 장관 가이트너 입에서 월가를 손볼 것이라는 말이 처음 나왔을 때부터 코웃음을 쳤다. 왜냐하면 그의 면면을 익히 잘 알고 있었기 때문이다. 가이트너가 누구인가? 그는 재무부 장관이 되기 전 연준 뉴욕 지부 총재였을 때부터 월가의 은행과 긴밀한 관계를 맺고 있었다. 총재였을 당시 금융 위기가 터지자 금융회사의 모든 부채를 정부가 메워줘야 한다고 목청을 높였던 인사다. 그러니 재무부 장관 취임 직후 그가 한 월가 규제 약속은 단지 대중의 분노를 잠재우기 위한 술수와 허언일 뿐, 그가 곧 월가의 든든한 지원군이 될 것임을 일찌감치 예측하고도 남았던 것이다.

아니나 다를까. 이 사람의 주도로 구제금융 가운데 100억 달러

- 부자는 어떻게 가난을 만드는가

가 골드먼삭스에게 건너갔고, 이를 필두로 해서 국민의 혈세로 메워야 하는 1조 2000억 달러의 구제금융이 줄줄이 월가의 대형 은행들 금고에 차곡차곡 쌓이기 시작했다. 그 돈으로 대형 은행들의 고위 경영진과 사원들은 막대한 보너스 잔치를 벌였다. 망하는 은행들을 국민의 세금으로 살려주니 그런 짓이나 하고 있었던 것이다. 국민들은 막다른 궁지에 몰리고 있었는데도 말이다.

　재무부 장관에서 내려온 후 채 1년이 지나지 않아 워버그핀커스라는 월가의 사모펀드 회사에 자리 잡은 가이트너는 2014년 5월 〈뉴욕 타임스〉 일요판과 인터뷰를 했다. 인터뷰에서 가이트너는 탐욕과 도덕적 해이의 화신으로 세간의 맹비난을 받고 있는 월가가 실은 매우 도덕적인 곳이라는 궤변을 늘어놓으며 월가를 감싸고돌았다. 기침과 사랑은 감출 수 없다고 했던가? 가이트너는 자신의 월가에 대한 사랑을 노골적으로 드러내고 만 것이다. 가이트너는 "국민들의 비난은 전혀 신경 쓰지 않는다"면서 "내가 할 일은 국민들이 나를 좋아하게 만드는 게 아니라 해야 할 일을 하는 것"이라고 말했다. 아무것도 모르는 사람 눈에는 저 말을 한 당사자가 청백리에 냉철한 소신의 화신처럼 보였겠지만, 그야말로 후안무치의 발언이었다. 그러나 거기에 그의 진심이 담겨 있는 것 또한 사실이다. 자기의 임무가 국민을 위한 것이 아닌 월가를 위하는 것이라는 것, 그게 바로 그의 진심이다.

가이트너는 덧붙여 말했다. "나도 인간인데 나라고 국민들이 좋아할 일을 하고 싶지 않겠는가? 그러나 당시엔 그런 걸 기대하지 않았다." 이 표현을 보면, 국민들이 좋아할 일이 아닌 월가가 좋아할 일을 기꺼이 택했음을 자인하고 있다는 것을 확인할 수 있다. 또한 가이트너는 수개월 전 맨해튼 길거리에서 한 시민과 조우했던 경험을 아무렇지 않다는 듯 기자에게 떠벌였다. 우연히 마주친 그 시민은 그에게 "너는 이 나라를 망친 골드먼삭스의 일원이야!"라고 욕설 섞인 고함을 쳤는데 그는 "알려줘서 고마워"라고 받아쳤다는 것이다. 자신이 국민들로부터 혐오의 대상이 되고 있는 것 자체는 인식하고 있는 모양새지만 죄의식은 전혀 없어 보인다.

기자에게 가이트너는 대다수 국민 정서에 맞게 행동하는 것은 단지 포퓰리즘에 영합하는 것이며 자신은 그 길을 택하지 않았을 뿐이라고 궤변을 늘어놓았다. 그러면서 자신과 같은 생각을 가진 다른 인사를 대며 자신을 합리화했는데, 그가 바로 빌 클린턴 전 대통령이다. 당시 상황을 어떻게 다루는 게 좋겠느냐고 묻는 가이트너에게 클린턴이 다음과 같이 말했단다. "국민들이 원하는 거? 지금 로이드 블랭크페인(Lloyd Blankfein: 골드먼삭스 CEO)을 컴컴한 골목에 데려가 목을 찔러 죽이는 것이겠지. 그렇게 하면 아마 이틀은 잠잠할걸. 그러나 또 피에 굶주린 인간들이 거리로 뛰쳐나올 거야". 대놓고 국민의 분노는 무시하고 월가 편을 들라는 조언

　　　　　　　　　　　　　　ー 부자는 어떻게 가난을 만드는가

이었다. 하긴 저런 말을 할 정도이니 클린턴이 재임 기간 중 글래스-스티걸 법을 폐지했을 것이다. 그 법의 폐지로 월가는 탐욕 추구의 날개를 달고 하늘을 날았으며, 국민들은 도탄에 빠지게 되었다. 다시 말해 빌 클린턴도 전형적인 월가의 대변자였지 절대로 국민의 대통령이 아니었다.

그렇다면 가이트너에 대해 미국의 양심들은 뭐라고 평가할까?

먼저 워런 의원은 『싸울 기회』라는 자신의 저서에서 "가이트너는 정부가 해야 할 가장 중요한 일이 바로 월가 대형 금융회사들의 말랑말랑한 엉덩이를 위해서 그들을 연착륙시키는 것이라고 믿었다"라고 돌직구를 날렸다. 미 의회가 임명한 부실 자산 구제 프로그램(TARP)의 전 특별감사관이었던 닐 바로프스키(Neil Barofsky)도 〈뉴욕 타임스〉 기자에게 보낸 이메일에서 워런과 비슷한 견해를 피력했다. "가이트너는 집을 잃고 절망에 빠진 국민들처럼 정작 도움이 필요한 사람들은 거들떠보지도 않고 처음부터 줄기차게 월가 대형 금융회사의 이해 보호에만 올인했다. 결국 정부의 구제 손길은 대형 금융회사로 갔다. TARP은 의심의 여지 없이 월가를 구했지만, 그것은 사실 그보다 더 많은 역할을 수행하도록 설계된 것이었다."

심지어 TARP 시행에 박한 점수를 주지 않는 사람들조차 가이트너에게 큰 문제가 있었음을 지적한다. 대표적인 예가 경제정책연

—— 2012년 4월, 미국 노동자들이 "극소수 부자, 은행, 대기업, 그리고 월가가 바로 미국 내 토종 테러리스트다!", "친기업화된 미국이 아메리칸 드림을 도둑질했다", "대기업을 도울 것이 아니라 국민들을 도우라"는 내용의 피켓 시위를 벌이고 있다.

구소(Center for Economic and Policy Research)의 경제학자 딘 베이커(Dean Baker)다. 베이커는 다음과 같이 말했다. "구제금융 외에는 다른 정책이 시도되지 않아서 현재로서는 그것이 없었어도 과연 경제가 빨리 회복되었을지, 그리고 완전고용에 가깝게 다가갔을지는 아무도 모른다. 하지만 한 가지 확실한 것은 구제금융이 없었다면 그동안 경제의 활력을 앗아가고 모든 성장의 열매를 맨 꼭대기 상위 그룹에게만 가져다줬던 금융 부문, 끔찍하게 비대해진 바로 그 지긋지긋한 암적 존재로부터 미국이 해방될 수 있었다는 점이다. 그 사실 때문에 가이트너는 막중한 책임을 져야 한다."

월가의 잘못을 시정하고 규제해서 시스템을 복원해야 하는 책무를 가진 정부의 최고 당국자가 그렇게 하기는커녕 솜방망이조차 한번 휘두를 생각을 안 하고 되레 월가에게 선물을 안긴 형국, 기가 막히지 않은가?

그렇다면 독자들은 의문이 생길 것이다. 미국에는 수개월에 걸친 백악관과 국세청의 사전 검증, 그리고 국정 수행 능력과 비전을 따져 묻는 고위 공직자 후보에 대한 상원 인사청문회 같은 완벽에 가까운 철저한 인사 검증 시스템이 있는데, 어떻게 그런 자가 장관 자리에 앉을 수 있었느냐고. 답은 그런 미국의 인사 검증 시스템도 우리나라 언론이 만들어낸 허구의 소산이라는 점이다.

나는 현재의 미국 정부 인사 시스템에 대해 한마디로 '회전문 인사'라는 표현을 쓴다. 월가 출신이 정부 요직에 앉았다가, 퇴직 후에는 다시 월가로 돌아가는 일이 반복되기 때문이다. 게다가 미국 정부는 애초부터 월가가 '이런 인물이 있으니 데려다 쓰라'고 하는 사람을 정부 요직에 앉힌다. 그러니 그렇게 관료가 된 사람이 국민을 위해 일하겠는가 아니면 월가를 위해 일하겠는가. 다시 말해 이제 미국 정부는 관료를 뽑는 데 있어 업무 성취 능력 같은 것은 고려하지 않는다. 월가가 추천한 월가 출신 사람, 그것이 가장 중요한 자격 요건이다. 때문에 그런 식으로 정부 요직에 앉은 사람을 '월가의 지원군'이라고 표현하는 것도 적절하지 않다. '월가가 정부에 보낸 파병군'이라는 것이 정확한 표현이다. 이것이 바로 오바마 행정부가 '삭스 정부(Government Sachs)'라고 불리는 이유다. (이에 대해 더 알고 싶으면 내가 이전에 쓴 『우리가 아는 미국은 없다』를 참고하기 바란다.)

따라서 우리나라 언론(보수와 진보 가릴 것 없이)이 입에 침이 마르도록 칭송해 마지않는 미국의 인사청문회를 비롯한 인사 검증 시스템은, 실은 국민들에게 보여주기 위한 간단한 요식 행위에 지나지 않는다. 검증하는 사람이나 검증받는 이들이나 죄다 한통속이기 때문이다.

어떤 사람은 나에게 이렇게 반문할 수도 있겠다. 상원 인사청문회에서 통과되지 못한 사람도 있지 않느냐고. 그러나 그것도 다

빠져나갈 구멍을 만들어놓고 하는 쇼에 불과하다. 상원의 인준을 통과하지 못한 인사일지라도 대통령이 마음대로 임명할 수 있기 때문이다. 어떻게? 의회가 휴회하는 기간 중에 대통령이 상원 인준 절차를 생략하고 고위 공직자를 임명할 수 있는 '휴회 중 임명(recess appointment)' 제도를 통해서. 정말 그럴 수 있느냐고? 〈로스앤젤레스 타임스〉는 레이건 전 대통령은 8년 재임 기간 중 총 232건을, 빌 클린턴과 조지 W. 부시 전 대통령은 각각 100건 이상을, 그리고 2014년 6월 현재 오바마는 32건의 휴회 중 임명을 단행했다고 보도했다. 그런데 자세히 보면 그 횟수가 갈수록 줄어드는 것을 알 수 있다. 그것은 무엇을 말하는가? 갈수록 짜고 치는 고스톱 인사가 성행한다는 것이다. 다시 말해 갈수록 대통령과 국회의 합이 잘 맞아간다는 얘긴데, 이는 그만큼 너 나 할 것 없이 월가의 돈에 의한 기름칠을 받는다는 뜻이기도 하다.

그렇다면 우리나라는 어떠한가? 미국보다 좀 나은가? 아니다. 우리에게도 회전문 인사가 있다. 대표적인 예가 김앤장 법률사무소 출신의 변호사들에 대한 인사다. 김앤장은 최근 12년 동안 총 8명의 소속 변호사들을 청와대 민정수석실 비서관으로 쑤셔 넣었다. 김앤장에 몸담았다가 다른 로펌으로 간 뒤 청와대에 입성했거나, 애초엔 김앤장 출신이 아니었으나 청와대에 있다가 나와서 김앤장으로 간 사람들까지 다 포함하면 무려 11명에 이른다. 박근혜 정부 비서관 중 김앤장 출신은 27.7%로 밝혀졌다. 3명 중 1명의 비서관이 김앤장 출신이라는 말이다.

오바마 정부가 삭스 정부로 불리는 것과 같이, 우리나라 정부도 이젠 '김앤장 정부'로 불러도 될 듯하다. 청와대 민정수석실이 어떤 곳인가를 감안하면 김앤장이 이렇게 청와대에 소속 변호사들을 심으려는 속셈을 알 만하다. 권력의 핵심 중 핵심에 자기 사람을 꽂아 최고급 정보도 얻고 또한 자신들의 입김을 마음껏 행사해보겠다는 것 아니겠는가? 물론 그들을 통해 김앤장의 의뢰인들도 덩달아 이익을 볼 것이다. 이들이 이득을 보는 동안 돈 없고 '백(back)' 없는 평범한 국민들은 고스란히 그 폐해를 떠맡게 될 것이다. 이런 소식을 접하는 국민들의 마음이 얼마나 불편할지를 헤아리는 정부가 되기를……

— 부자는 어떻게 가난을 만드는가

chapter 18

중산층에게
독이 된 연준의 양적 완화

국민 기망 행위를 저지른 것은 가이트너뿐만이 아니었다. 중앙은
행인 연준에 의해서도 자행되었다.

2008년 금융 위기를 가져온 주범 중 하나가 바로 연준이었다.
하버드대 제프리 프리든 교수가 날카롭게 지적하듯, 금융 위기는
정부 정책의 난조와 연준이 만든 합작품이었다. 프리든에 따르면
부시 정부는 세금 인하로 차입을 늘렸고, 연준은 초저금리 기조를
유지해 버블 형성에 크게 기여했다. 그러면서 월가를 감독하고 규
제해야 할 이들 기관 모두가 되레 월가로 인해 좌지우지되면서 금
융 위기가 발발했다는 것이다.

이에 대해 간략히 부연하면 다음과 같다. 버블이 끼면 고위험이

생기고 동시에 고수익도 생기기에 월가가 가장 선호하는 상황이 된다. 그러니 세금 인하를 단행하고 초저금리를 유지한 부시 정부와 연준은 결국 월가의 이익 창출에 크게 이바지한 것이다. 그리고 그 이익을 싹 다 챙긴 후 버블이 꺼지면서 월가가 망할 때쯤, 정부가 다시 '짜잔' 하고 나서서 구제금융으로 월가를 되살린 것이다.

문제는 그 이후에 다시 똑같은 일들이 벌어지고 있다는 것이다. 오바마 행정부와 연준은 경제를 살린다는 명분으로(그러나 사실은 월가를 살리기 위해) 구제금융과 3차에 걸친 양적 완화(QE), 그리고 초저금리 정책으로 또다시 엄청난 버블을 형성했다. 막대한 유동성 자금이 주식과 부동산으로 몰렸다. 그러나 그 투기의 주체들은 바로 막대하게 풀린 돈을 거머쥘 수 있는 대형 금융회사와 상위계층에 속한 사람들이었다. 이것이 오죽 명명백백했으면 연준 전의장 앨런 그린스펀(Alan Greenspan)도 구제금융을 포함한 양적 완화가 경제를 살리는 데 긍정적이지 못했다고 시인했겠는가. 워런 의원의 평가처럼, 정부와 연준의 도저히 납득할 수 없는 그 모든 행위로 득을 본 것은 바로 대형 금융회사와 일부 극소수 부유층이었고 일반 서민에겐 아무런 득이 되지 못했다. 국민이 도움을 요청할 때 정부는 외면했다.

아니 득은커녕 서민들에겐 되레 독으로 작용했다. 금융 위기 후

— 부자는 어떻게 가난을 만드는가

또 다른 거품 형성이 결국 부익부 빈익빈 현상만 더 심화시켰기 때문이다. 이 또한 정부와 연준이 책임져야 할 문제다. 멀쩡하던 중산층과 서민의 일상을 금융 위기로 교란시킨 것으로도 모자라 그것을 극복하는 데 도움을 주기는커녕 금융 위기 직후 시행한 정부의 정책들로 아예 빈곤층의 나락으로 떨어뜨려버렸으니 말이다.

하버드 대학 프리든 교수는 금융 위기 자체와 그 이후의 과정에서 서민들이 받은 피해를 다음과 같이 설명한다. "미국의 소득 상위 10%는 감세, 적자 지출, 그리고 차입 증가로 인한 버블이 형성되면서 편파적(불균형적)으로 수혜를 많이 입었다. 그러나 버블이 낄 때 수혜를 전혀 받지 못했던 서민들은 버블 붕괴, 즉 금융 위기가 발발하자 큰 피해를 입었고 이후로도 엎친 데 덮친 격으로 더욱 큰 피해를 받고 있다."

2008년 금융 위기 이후 정부가 푼 돈의 모든 혜택은 미국의 소득 상위 1%가 다 채어 갔다는 명확한 증거는 버클리 캘리포니아 대학 경제학과 교수 이매뉴얼 사에즈가 보여준다. 뒤의 표를 보면, 두 번의 호황기와 두 번의 침체기가 포함된 1993년부터 2012년까지 평균 실질소득 증가율은 17.9%다. 그러나 소득 상위 1%의 실질소득 증가율은 86.1%인 반면 나머지 하위 99%의 실질소득 증가율은 6.6%밖에 안 된다. 그리고 상위 1%는 전체 소득 증가분 중에서 무려 68%를 챙겼다. 과거 20년 동안 전체 소득 증가분 중에

| 소득 계층별 실질소득 증가율 |

	평균 실질소득 증가	상위 1%의 실질소득 증가	잔여 99%의 실질소득 증가	총 증가(및 하락) 중 상위 1%가 차지한 비율
1993~2012년	17.9%	86.1%	6.6%	68%
클린턴 정권 호황기 1993~2000년	31.5%	98.7%	20.3%	45%
침체기 2000~2002년	-11.7%	-30.8%	-6.5%	57%
부시 정권 호황기 2002~2007년	16.1%	61.8%	6.8%	65%
대침체기 2007~2009년	-17.4%	-36.3%	-11.6%	49%
회복기 2009~2012년	6.0%	31.4%	0.4%	95%

출처 : 사에즈(2012)

서 상위 1%가 차지하는 비율은 계속적으로 증가해 거의 2배에 달한다.

표에서 눈에 띄는 부분이 몇 개 있다.

먼저, 두 번의 침체기(2000~2002년 침체기와 2007~2009년 대침체기)를 비교해보자. 이 두 시기에 미국인들의 평균 실질소득은 하락했다. 당시 소득 하락은 상위 1%에 속한 사람들도 예외가 아니다. 그러나 염두에 두어야 할 것은 계속적으로 그리고 기하급수적으로 상승하던 실질소득이 멈추어서 그 이전에 비해 하락했다는 것이지, 상위 1%의 사람들이 집을 잃고 거리로 나앉게 되었다는 뜻은 아니라는 점이다.

사에즈는 호황기 때의 버블이 꺼지면서 주식시장이 얼어붙은 데 따른 손실로 상위 1%의 실질소득이 하락했다고 지적한다. 물론 하위 99%의 사람들도 두 번의 침체기 모두에서 실질소득 하락을 경험한다. 그런데 이들 하위 99% 사람들과 상위 1% 사람들의 실질소득 감소율을 보면 비교가 안 될 정도다. 우선 상위 1%의 경우, 두 번의 호황기 뒤에 이어진 두 차례 침체기의 소득 하락률이 모두 -30%대로 거의 비슷하다. 반면, 하위 99%는 이전 호황기에 비해 떨어진 비율이 1차 침체기에는 -6.5%, 2차 침체기에는 -11.6%로 거의 2배의 소득 감소율을 보인다. 따라서 상위 1%와 하위 99%를 비교해보면 두 번의 침체기 중 2차 침체기인 2008년 금융 위기 이후에 하위 99%가 피해를 더 입은 것으로 해석된다.

다음으로, 상위 1%는 1차 침체기 후 경기가 회복된 부시 정권 때 소득이 61.8% 상승했지만, 하위 99%는 같은 기간 소득이 겨우 6.8% 증가했다. 하위 99%는 1차 침체기에서 본 소득 감소를 겨우 회복할 정도에 불과한 소득 증가를 경험했지만, 상위 1%는 감소분을 훨씬 상회하는 회복을 맛본 것이다.

설상가상으로, 하위 99%는 2차 침체기에서는 2차 호황기에 거둔 소득 증가율(6.8%)의 거의 2배에 가까운 소득 감소율(-11.6%)로 커다란 타격을 받는다. 그리고 이러한 타격은 회복기에 고작 0.4%의 소득이 증가해 사실상 회복이 요원한 상태다. 반면 상위 1%는 회복기에 31.4%라는 소득 증가율을 보여 대침체기에 본 소득 감소를 거의 만회한 것으로 보인다. 결론적으로, 1993~2012년 동안 상위 1%와 하위 99% 간의 실질소득 증가율의 격차는 상당히 벌어져 두 집단 간의 양극화가 심화되었다고 말할 수 있다.

미국이 공식적으로 금융 위기를 극복했다고 알렸던 2009년부터 2012년 사이의 실질소득 증가율만 따져보면 전체 증가율이 6.0%이고, 상위 1%의 소득 증가율은 31.4%다. 그러나 하위 99%의 소득 증가율은 고작 0.4%다. 게다가 더욱 충격적인 것은 그 기간 중 총소득 증가분의 95%를 상위 1%가 차지했다는 것이다. 하위 99% 사람들은 소득 증가분의 5%를 가지고 나눌 수밖에 없었다는

— 부자는 어떻게 가난을 만드는가

─── 미국을 상징하는 자유의 여신상이 눈물을 흘리며 "연준을 폐지하라"고 외치고 있는 그림. 2008년 1월 뉴욕 맨해튼, '월가를 점령하라' 시위대의 그림.

이야기다.

이것은 무엇을 말해주는가? 금융 위기 이후 정부와 연준이 시행한 TARP와 양적 완화 조치의 혜택이 결국 상위 1%에게만 고스란히 돌아갔다는 이야기다. 가뜩이나 벌어진 1%와 99%의 소득 불평등이 더욱더 심화되었다는 뜻이다. 바로 이래서 과연 정부와 연준이 누구를 위해 존재하는지에 대한 진지한 의문과 근거 있는 분노가 제기되는 것이다.

한마디로 금융 위기는 상위 1%, 아니 0.01%에겐 또 다른 기회였다. 어쩌면 이들은 이 위기가 도래하기만을 학수고대했을지도 모른다. 그래서 위기를 고의적으로 조장했을 거라는 추정이 나오기도 한다. 극소수 부자에게는 위기 전도 후도 모두 돈을 벌 호기이니, 그들로선 위기가 얼마나 반갑겠는가. 마치 우리나라에 새로운 교육정책이 등장해 학부모와 학생의 위기감이 고조될 때, 사교육 시장은 또다시 돈 벌 기회가 왔다고 속으로 쾌재를 부르는 것처럼 말이다.

그래서 미국의 양심들이 썩어 문드러져가는 미국을 살릴 유일한 길은 금융기관 규제밖에 없다고 목청을 높이고 있는 것이다. 프리든 교수는 〈가디언〉에 기고한 글에서 다음과 같이 주장했다. "거시경제의 균형과 금융 정상화를 위한 정책은 사회적 평등을 회복시키는 정책이기도 하다. 금융기관 규제, 조세정책, 그리고 과거(16년간)에 성장 열매의 최대치를 독식해 간 사람들로부터 취한 재원으로 궁핍한 사람들을 우선적으로 지원해야 한다."

그러나 이런 양심들의 바람과는 달리 월가에 대한 금융 규제는 현재로선 이미 물 건너간 것으로 보인다.

나는 금융 규제가 가능하려면 다음의 조치가 필요하다고 생각한다. 바로 정부 인사의 대대적인 인적 쇄신, 즉 물갈이다. 월가와 완전히 거리를 둔 인사들이 권력을 잡아야 한다. 대통령에서부터 관료, 그리고 국회의원까지 모두 바꿔야 한다. 그게 우선이다. 인적 쇄신이 되면 비로소 월가 규제가 가능해질 것이다. 그러지 않고서는 미국에 더 이상 희망이 없다. 그러나 그 대대적인 인적 쇄신이 과연 지금 미국에서 가능할까?

우리나라 정부도 최근 조선업에 망조가 들자 부랴부랴 한국판 양적 완화를 시행하고 있다. 그러나 책임 소재 규명과 처벌도 없이, 재발 방지 약속도 없이, 그리고 정부의 사과도 없이 돈만 풀면 결국 피해는 국민의 몫이 된다. 미국의 양적 완화가 일으킨 결과처럼 말이다. 그 돈이 어디로 몰리겠는가? 주식이나 부동산 시장일 것이다. 그래서 그 돈은 다시 상위 1%들의 배만 불리고 나머지 99%들에겐 독이 될 것이다.

chapter 19

무능한 '식물 학자'가 된
거물급 경제학자들

나는 정치권이 썩었으면 그것을 비판적으로 향도할 수 있는 사람
은 지성인들밖에 없다고 본다. 지성인들이 본래 하는 일이 '쓴소
리'이기 때문이다. 그래서 독재국가에서 정리 대상 제1호는 바로
지성인 곧 학자들이다. 또 나라가 망할 때가 되면 어김없이 지성
인들이 사라지거나 그들이 제 할 일을 하지 않는다는 것을 인류
역사가 말해준다.

　어쨌건 월가의 농단에 의해 미국 정치권이 오염되고 그 결과 중
산층이 몰락했을 때, 분연히 일어나 목소리를 냈어야 할 사람들은
지성인이다. 문제는 미국에 라이시와 프리든 그리고 워런 같은 양
심적인 지성인들이 별로 없다는 것이다. 그들 같은 시대의 양심은

열 손가락에 겨우 꼽을 정도다.

양심적 지성인 부재 문제는 특히 월가와 가장 밀접한 관련을 맺을 수밖에 없는 경제학계에서 두드러진다. 정치권력과 월가의 금권이 주는 떡고물에 푹 빠져 학자의 본분과 이성적 실천에 위배되는 짓을 얼굴에 철판을 깔고 서슴없이 자행하는 자들이 미국 경제학계에는 수두룩하다. 그 결정적 증거는 미국의 중산층은 물론 우리나라를 비롯해 전 세계 중산층의 평온했던 삶을 송두리째 흔들리게 했던 그 전대미문의 2008년 금융 위기를 예견한 경제학자가 없었다는 것이다. 아울러 금융 위기 발발의 원흉으로 월가를 겨냥해서 일침을 놓거나, 치유책으로 월가 규제를 담대히 부르짖은 사람이 내가 제시한 몇 사람 빼고는 아무리 눈을 씻고 찾아봐도 없다는 것도 그 결정적 증거다.

미국 경제학자들은 이와 관련하여 철저하게 무능한 '식물 학자'로 남아버렸다. 아니 부패한 악덕 지식 기술자로 남아버렸다. 그래서 나는 이들 지성계가 바로 미국 중산층 몰락에 일정 부분 책임이 있다고 본다. 미국 경제학계에 행동하는 지성인, 아니 거기까지 가지 않더라도 양심적 지성인만 있었더라도 금융 위기 발발은 충분히 예측될 수 있었을 것이다. 그렇다면 도대체 미국 경제학계는 왜 이 지경에 이르게 된 것일까?

나는 앞서 미국의 정치권을 우리 식의 진보/보수 프레임으로 보아서는 안 됨을 누차 강조했지만 미국 학계, 특히 경제학계를 바라볼 때도 같은 시각이 필요하다. 미국 경제학계에서의 진보/보수 구분은 단지 명목상의 구분일 뿐 실제적인 학문 활동에 있어서는 학자들이 개인적 이익 추구에만 충실하기 때문이다. 따라서 어떤 미국 경제학자가 케인시언(Keynesian: 케인스 학풍에 속한 경제학자)으로 분류된다고 그를 진보로 쉽사리 간주해서도 안 되고, 반대로 하이에키언(Hayekian: 하이에크 학풍에 속한 경제학자)으로 분류된다고 그를 보수로 여겨서도 안 된다.

2012년 1월 미국경제학회(AEA)는 시카고에서 열린 연례 총회에서 '경제학자 윤리 강령'을 채택했다. 이 윤리 강령 제정은 이미 100년 전부터 끈질기게 학회 차원에서 요구되던 사안이었다. 그러나 월가를 비롯한 대기업으로부터 이런저런 식으로 장학금(?)을 받아 배를 불린 양심 불량 경제학자들(대부분이 거물급이다)의 방해 공작에 의해 번번이 좌절되던 것이 드디어 채택되기에 이른 것이다.

덴버 대학 조지 드마티노(George DeMartino) 교수의 저서 『경제학자의 선서: 프로 경제학자 윤리 강령의 필요와 내용(The Economist's Oath: On the Need for and Content of Professional Economic Ethics)』을 보면 다음과 같은 내용이 나온다. 1929년 11월 시카고 상공회의는 미국 경제학회 회장에게 경제학자의 윤리 강령으로 어떤 조항이 있는지 문의하는 편지를 보냈다. 이에 경제학회는 다음과 같은 답장을 했다. "우리 경제학자들의 별명(middle name:의역)이 '윤리'라는 것을 당신들이 알아야 합니다. 우리는 그 정도로 윤리적이라 윤리 강령 같은 것을 따로 두고 있지 않습니다. 따라서 당신들의 문의에 응할 길이 없군요."

생각해보라. 당시의 경제학자들이 정말로 윤리적이었다면 대공황 발발을 예측하지 못했겠는가. 문제는 그때나 지금이나 상황이 달라진 것이 하나도 없다는 것이다. 드마티노 교수에 따르면 이러한 미국 경제학자들의 후안무치한 태도는 1세기 동안 지속되어 윤리 강령 제정은 매우 요원한 일로 보였다.

그런데 갑자기 '경제학자 윤리 강령'이 채택된 직접적인 계기는, 짐작하겠지만 2008년에 발발한 금융 위기다. 미국 경제학자들 중 아무도 금융 위기의 징후를 포착해 예견한 사람이 없었고, 오히려 그런 위기를 만드는 데 일조한 사람만 있었다는 자성의 목소리가 윤리 강령 채택을 가능케 한 것이다. 왜 그랬을까? 적지 않은 수의 거물급 경제학자들이 월가의 대형 금융회사 및 대기업과 밀접히 연계되어 있었기 때문이다. 경제학자들은 그런 회사들이 주는 당근에 눈이 멀어 위기를 아예 눈치챌 수 없었거나, 설사 감지했다 해도 대기업의 눈치를 보느라 함부로 입을 뗄 수 없었던 것이다. 어떤 경제학자들은 한술 더 떠 특정 기업 입맛에 맞는 정책을 제안하는 대담함까지 보였다.

구체적으로 말해 금융 위기의 직접적인 원인이었던 서브프라임 모기지와 파생 상품의 만연으로 인해 미국 금융회사들이 배를 불리고 있을 때, 적지 않은 미국의 경제학자들이 그 회사들과 짜릿한 불륜을 저지르고 있었던 것이다. 그러다가 부동산 버블이 꺼지면서 금융 위기가 닥치자, 그것은 대량 살상 무기가 되어 미국 경제와 중산층, 나아가 전 세계 대다수 시민의 삶을 피폐하게 만들었다.

급기야 사태가 이 지경이 될 때까지 미국의 경제학자들은 도대체 무엇을 했느냐는 볼멘소리들이 터져 나왔고, 대기업과 대형 금융회사의 끈으로부터 자유로운 양심적 학자들이 이제는 더 이상 이런 부조리를 좌시할 수 없다며 윤리 강령 제정을 강력히 촉구했다. 재계에 쓸개는 물론 영혼까지 팔아버린 몇몇 '재변(財邊)' 경제학자마저도 더는 버티지 못하고 손을 드는 바람에 마침내 미국 '경제학자 윤리 강령'이 제정된 것이다.

윤리 강령의 주된 골자는 이렇다. 미국 경제학회가 발행하는 7개 학술지에 논문 게재 시 연구비 조달 경위 공개는 물론 과거 수년간 수급한 자문비, 의뢰비, 보조금의 원천 공개, 그리고 기업 및 정부 등과 맺은 모든 유무급 관계 공개 의무화다. 한마디로 '이해 상충의 규칙'을 공식적으로 채택한 것이다.

— 부자는 어떻게 가난을 만드는가

이 대목에서 월가에 밀착돼 학자의 본분을 망각한 지성인들을 신랄하게 비판한 한 언론인을 소개한다. 세계 최고의 중동 특파원으로 인정받는 로버트 피스크(Robert Fisk)다. 그는 2011년 〈인디펜던트(The Independent)〉 기고문에서 서방의 금융가들이 아랍의 독재자들보다 더 탐욕스러우며, 그들을 이론적으로 뒷받침하고 있는 이들이 바로 "더럽고 추잡한" 미국 명문 대학과 싱크탱크의 경제학자들이라고 맹비난했다. 공적 기관에 속한 경제학자가 냉철하게 연구해야 할 대상에 붙어 부정한 열매를 따먹고 국민은 봉이 되는 현실을 방기한 것, 그것은 분명 학자로서의 소명을 무참히 버린 작태다. 그런데 그 폐해가 극에 달해 원성이 높아지자 결국 악덕 경제학자들마저 마지못해 윤리 강령 채택에 동의함으로써 학계 정화 작업의 첫 걸음마를 뗀 셈이다.

여기서 나는 우리 학계로 눈을 돌리고 싶다. 아마도 우리 학계가 거기보다 더하면 더했지 못하진 않을 것이다. 정부와 기업으로부터 어떤 떡고물이 떨어지지는 않을까 호시탐탐 노리고 있는 학자 아닌 학자들이 우리네 학계에 득실거리고 있기 때문이다. 아직까지 나는 우리나라 경제학회는 물론 다른 학회에서도 4년 전 미국 경제학회가 채택한 윤리 강령 같은 것을 마련했다는 소식을 듣지 못했다. 우리도 하루빨리 기업 및 정부 그리고 학자 간의 퇴폐적 관계를 청산하는 기틀을 마련해야 한다.

앞에서도 말했듯, 100여 년의 산고 끝에 4년 전에야 비로소 '윤리'라는 것을 입에 올린 미국 경제학자들을 우리 식의 진보/보수 틀 속에 나누는 것이 얼마나 허무맹랑한 일인지 간파했으면 좋겠다. 어차피 그들은, 케인시언이든 하이에키언이든 간에 대기업이 떨어뜨리는 떡고물 앞에서는 자기 정체성이 희석되고 말 테니까.

0.01%의 편에 선 로런스 서머스

대부분의 미국 경제학자들이 정부나 월가에 완전히 편향되어 있는 동안 미국 중산층은 몰락했지만, 미국 경제학자들은 그 사실에 전혀 주목하지 않았다. 그들 대부분이 추상적 이론 안에 갇혀 공염불이나 하고 있거나 사회 정의에 대해서는 철저히 외면했기 때문이다.

미국 중산층 몰락 문제에 집중적인 관심을 가지게 된 경제학자는 정작 외국에서 나왔다. 토마 피케티와 이매뉴얼 사에즈가 그들이다. 이들 모두 프랑스 국적을 가진 경제학자로 한 사람은 프랑스에서, 한 사람은 미국에서 교편을 잡고 있다. 피케티는 『21세기 자본』으로 일약 스타덤에 올라 이제는 우리나라에서도 이름이 꽤 알려진 학자이지만, 아마도 이 두 사람을 처음 한국에 전한 것은 내가 아닌가 싶다. 나는 2011년에 낸 『우리가 아는 미국은 없다』라는 책을 통해 미국의 불평등 현상을 이론적으로 그리고 심층적으로 다루길 원했는데, 그때 찾아낸 것이 바로 그들의 연구였다. 내가 그들의 글을 참고 자료로 삼을 때만 해도, 우리나라 경제학계에서 그들의 이름을 거론하는 논문은 찾아보기 힘들었다.

이런 사정은 미국 경제학계에서도 마찬가지였다. 미국 사회의 경제적 불평등 현상을 연구하는 것 자체가 미국 주류 경제학계에선 매우 '특이하다'는 (다분히 부정적인) 취급을 받았다. 그건 그저 변방 출신 '듣보잡'이나 하는 연구로 치부된 것이다(미국에서 다른 나라는 그저 변방일 뿐임이 이 대목에서도 확인된다). 게다가 미국 경제학자들은 그때까지만 해도 자신들의 나라 미국을 세계 최고의 중산층 나라로 여전히 믿고 있었기에 그런 연구가 눈에 들어올 리가 없었다. 그런데 그들 눈에 '듣보잡'으로 보였던 프랑스 경제학자들이 쓴 책과 연구가 세간에 화제를 일으키는 시대를 맞이하게 된 것이다.

따라서 이제는 미국 주류 경제학자들조차 미국에서 펼쳐지고 있는 이 뚜렷한 사회 현상인 소득과 부의 불평등에 대해 외면하거나 침묵할 수 없게 되었다. 그래서인지 요사이 이 불평등 현상을 거들떠보지도 않던 거물급 경제학자들조차 한 마디씩 훈수를 두고 있는 게 눈에 띈다. 그 대표적인 예가 전 재무부 장관이자 하버드 대학 전 총장이었던 로런스 서머스다.

현재 하버드대 경제학과 교수로 돌아간 서머스가 2015년 〈파이낸셜 타임스〉에 기고한 칼럼에서 소득 불평등과 관련한 견해를 피력했다. 그런데 이 사람의 논리가 참으로 해괴하다. 그의 요지는 소득 불평등보다 보건과 교육 불평등에 더 집중해야 한다는 것이다. 그는 "부자들이 돈으로 살 수 없는 유리한 고지를 점유하고 있다"면서 그것이 바로 교육과 보건이라 말한다. 교육과 보건에서의 불평등이 갈수록 심화되고 있는데 이를 무시하고 소득 불평등에만 주의를 기울이는 것은 불평등을 해소하는 데 있어 잘못된 노선을 택하는 것이라는 주장이다. 이것은 얼핏 들으면 일리 있어 보인다. 왜냐하면 현재 미국은 교육과 보건 부문의 격차 또한 엄청나기 때문이다.

그러나 서머스의 이런 주장은 현재의 소득과 부의 불평등 현상을 호도하는 것이라 주의를 요한다. 물론 당연히 교육과 보건 불평등 해소에도 관심을 기울여야 한다. 그러나 이런 주장은 두 가지 문제를 내포한다. 한 가지는 바로 교육과 보건 문제를 소득 문제와 분리하려는 불순한 의도가 숨어 있다는 것이다. 교육과 보건은 사실 소득 불평등과 떼려야 뗄 수 없는 불가분의 관계다. 그것들은 돈으로 살 수 없는 것이 아니라 분명 돈으로 살 수 있는 것이다. 많이 가진 부자가 더 좋은 교육 여건과 더 좋은 의료 혜택을 누릴 수 있다. 해서 소득과 분리해서 교육과 보건 불평등 문제를 논하는 것은 어불성설이다.

그의 주장의 두 번째 문제는 보다 더 악의적인 의도에서 기인한다. 소득 불평등보다 교육이나 보건 불평등에 더 집중하라는 그의 주장은 이른바 1:99 혹은 0.01:99.99에서 1 혹은 0.01에 속한 계층에 대한 관심을 끄게 만든다. 다시 말해 그의 주장은 0.01%가 성장의 모든 열매를 독식하는 현재 시스템을 영구적으로 유지하려 하는 사람들의 편에 서 있다. 아니나 다를까, 칼럼 말미에서 서머스는 그 감춘 속내를 여실히 드러내고야 만다. "민주주의 사회의 가장 기본적인 과업인 모든 시민에 대한 보건과 교육 지원에서 눈을 떼서 소득 불평등과 부자들의 재산 증식에 초점을 맞춘다면 그것은 비극이 될 것"이라고 결론 내리고 있기 때문이다. 이 말이 뜻하는 바가 무엇인지 보이지 않는가. 소득 불평등, 다시 말해 극소수 부자에게 집중되는 소득과 부의 문제에 전혀 신경 쓰지 말라는 이야기다.

서머스가 이런 해괴한 논리를 버젓이 펼칠 수 있는 것은 왜일까? 이번에도 답은 뻔하다. 이자 또한 월가 사람이기 때문이다. 그가 관직과 학교에 있으면서 월가로부터 자문료와 강연료 등으로 벌어들인 돈은 상상을 초월한다. 헤지펀드 회사 디이쇼(D. E.

— 부자는 어떻게 가난을 만드는가

Shaw)로부터 16개월 동안 520만 달러(약 62억 4000만 원), 골드먼삭스, JP모건, 시티그룹, 리먼브라더스, 그리고 메릴린치 등으로부터 2008년 한 해에만 강연료로 벌어들인 돈도 무려 280만 달러(약 33억 6000만 원)다. 이제 수긍이 가는가? 왜 이자가 소득 불평등의 주범인 월가를 싸고도는지 말이다.

간단히 말해 월가와 한패라서 그런 것이다. 그가 바로 0.01%의 하수인, 아니 충실한 개이기 때문에 월가와 상위 0.01%에 유리하게 여론을 환기시키기 위해 이런 전술 전략적인 글을 썼던 것이다. 이것은 미국의 엄연한 불평등 현상 자체를 호도하기 위한 야비한 술책이다. 이자가 소위 진보라 하는 민주당 소속이니, 이것만 봐도 미국에선 이제 정당과 학파 등과는 아무런 상관없이 월가와의 밀착 관계 유무에 따라 그 사람의 행동이 달라진다는 사실을 충분히 간파할 수 있을 것이다. 이런 예는 무수하다. 그중 하나가 폴 크루그먼(Paul Krugman)이다.

대표적인 케인시언으로 노벨 경제학상까지 받은 거물이라 크루그먼이 월가와 어떤 관련을 맺고 있는지는 아직 언론이 파헤친 바가 없다. 그렇지만 이 사람이 그동안 해왔던 주장을 보면, 적어도 그가 국민들(중산층 이하 서민)의 사정을 헤아리는 데 인색하다는 것을 분명히 감지할 수 있다. 이와 같은 사실은 미국의 금융 위기로 촉발된 경기 침체 타개를 위해 크루그먼이 제시한 해결책을 따져보면 금세 알 수 있다.

크루그먼의 말을 살펴보기 전에 일단 피케티의 이야기를 들어
보자.

피케티는 2014년 CNBC와의 인터뷰에서 미국 금융 위기 해결
책으로 연준이 취한 양적 완화 정책을 신랄하게 비판했다. 마구
잡이로 찍어낸 달러가 서민들이 아닌 극소수 부자의 호주머니 속
으로 들어가버렸기 때문이다. 따라서 양적 완화와 같은 통화정책
보다는 정부 주도의 재정정책(fiscal policy)이 더 시급하다고 역설
했다. 그런데 피케티가 그토록 신랄하게 비판한 양적 완화 정책
에 크루그먼은 찬동했었다. 크루그먼은 경기 부양을 위해서라면
빚을 아무리 져도 괜찮고 돈을 마구 찍어내도 아무 문제가 없다는
이른바 '묻지 마' 식 경기 부양론자다. 크루그먼은 연준이 마구 찍
어낸 달러가 최종적으로 어디로 흘러갈지 그리고 그 여파가 어디
까지 미칠지에 대해서는 크게 개의치 않는 눈치였고, 그러는 동안
인쇄된 돈의 열매로 결국 대마불사 은행을 비롯한 슈퍼 부자들의
배만 불리는 일이 벌어졌다. 결과적으로 크루그먼은 그런 형국을
수수방관한 셈이다.

그런데 연준의 양적 완화 정책을 "행동할 용기(courage to act)"
라면서 줄곧 찬동하던 크루그먼이 2015년 11월 갑자기 그것에 대
해 "사람들의 기대치에 훨씬 못 미치는 결과를 낳은 해결책"에 그

첫다면서 매우 박한 점수를 주었다. 그러면서 양적 완화와 같은 통화정책보다는 재정정책이 훨씬 더 나았을 것이라고 기존의 입장을 완전히 뒤집는 발언을 했다.

말하자면 크루그먼이 한 입으로 두 말을 한 것이다. 그러니 아무리 노벨 경제학상을 받은 거물이라고 하더라도 이런 사람의 말을 곧이곧대로 믿기가 힘든 것이다. 이게 뭔가. 도대체 이런 헛발질이 노벨 경제학상을 탄 대학자가 할 실수인가. 나는 그가 애초부터 몰랐을 것이라고 생각하지 않는다. 그렇게 명민한 사람이 재정정책이 무작정 돈을 찍어내는 양적 완화와 같은 통화정책보다 훨씬 더 정의롭고 효과적이라는 것을 몰랐을 리 없다. 처음에는 그가 월가와 상위 0.01%에게 유리한 환경을 조성해주기 위해, 간접적으로 그들의 편을 들어주기 위해 양적 완화에 찬성했을 거라는 생각밖에 할 수 없다.

크루그먼은 이렇듯 양적 완화가 실망스러운 결과를 낳았음을 시인하면서도 양적 완화가 가져온 소득 불평등 심화와 중산층 붕괴라는 부작용에 대해서는 "확실한 증거(overwhelming evidence)"가 없다며 철저하게 모르쇠로 일관하고 있다. 그 부작용의 예로 크루그먼 자신이 언급한 것은 "금융 불안정(financial instability)"이 고작이었다. 다시 말해, 피케티나 미국의 다른 양심 있는 학자들이 줄기차게 이야기하고 있는 양적 완화로 인한 중산층 파괴와 빈부 격차 심화에 대해서는 일언반구도 없이 철저히 외면하고 있는 것이다.

이러한 크루그먼의 행보는 그가 민주당 대통령 후보 경선에 나온 힐러리와 샌더스 가운데 고집스럽게 힐러리 편을 들었던 것과 긴밀히 연결된다. 아니, 크루그먼은 단순히 한쪽 편을 든 것이 아니라 아예 대놓고 샌더스에게 맹비난을 해댔다. 심지어 인종차별주의자라는 오명까지 덮어씌우면서.

크루그먼은 "(월가로부터 나온) 돈이 악의 전부"라고 생각하는 샌더스보다 "돈이 악의 일부"라고 생각하는 힐러리가 더 현실적이라며 힐러리를 지지했다. 샌더스는 너무 이상적이라 터무니없다면서.

그러나 이것이 과연 이상과 현실의 문제일까? 나는 그렇게 생각하지 않는다. 내가 앞에서 누차 밝힌 바와 같이 현재 미국의 정치는 '금권과두정치'다. 이것은 크루그먼도 〈뉴욕 타임스〉 사설에서 부인하지 않은 사실이다. 그렇다면 그것을 청산하고 새로운 미국을 만들기 위해서는, 양심 있는 학자와 정치가 들이 주장하듯 월가의 규제가 선행되어야만 한다. 그것을 들고 나온 이가 샌더스이고 힐러리는 그렇지 않다.

그렇다면 힐러리는 왜 월가 규제에 소극적일까? 힐러리 역시 월가와 한패이기 때문이다. 그녀가 월가로부터 챙긴 막대한 수입

— 부자는 어떻게 가난을 만드는가

은 이야기하면 입이 더러워질 것 같아 피하고 싶을 정도다. 힐러리와 전 대통령을 지낸 그녀의 남편 클린턴이 2010년부터 2014년까지 5년간 사기업의 강연료와 원고료로 벌어들인 수입은 무려 1억 200만 달러(약 1224억 원)다. 힐러리가 국무부 장관에서 물러난 2013년 이후 2년 동안 올린 강연료 수입만 따져도 5500만 달러(약 660억 원)다. 국무부 장관 퇴임 후 골드먼삭스 등 월가의 대형 금융기관에서 단 한 번 강연에 23만 달러(2억 7600만 원)를 받았다니 상상을 초월하는 액수요 가히 핵폭탄급 전관예우 아닌가. 이렇게 해서 클린턴이 대통령에서 물러난 2001년 이후 이 부부가 늘린 재산은 〈파이낸셜 타임스〉가 추산한 바 총 2억 2600만 달러(약 2712억 원)다.

생각해보라. 월가의 대형 금융기관이 뭘 배울 게 있다고 힐러리에게 이런 어마어마한 액수의 돈을 주고 강연을 맡겼겠는가? 이 돈이 나중을 위한 보험용 정치 뇌물인 것은 알파고가 아니라도 다 알 것이다. 그런 그녀가 갑자기 중산층의 수호자인 양 선거전에서 월가를 규제하겠노라고 떠들어대고 있는데, 그녀를 정말 중산층의 수호자로 믿어줄 이는 청맹과니 외에는 아무도 없다. 그녀를 자신들의 수호자로 굳게 믿고 있는 것은 바로 월가다.

이런 마당에 힐러리를 편들다니, 크루그먼은 청맹과니인가 아니면 월가 사람인가? 〈뉴욕 타임스〉에 크루그먼이 "허황된 샌더스(Sanders Over the Edge)"라는 제목으로 기고한 글을 보면 그가 월가 사람임이 단박에 드러난다. 그는 "월가가 악명 높은 악당의 자리를 차지하긴 했어도 그렇다고 월가의 대형 금융기관이 진짜로 금융 위기의 원흉이냐?", "이들 대형 은행을 (샌더스의 주장처럼) 쪼개버린다고 해서 앞으로 위기가 닥치지 않는다는 보장이 있느냐?"며 자신의 그 두 가지 질문에 대해 친절하게 답변까지 달았다. "많은 전문가가 수년 전부터 '아니오'라고 답했다"고. 물론 그가 일컫는 "많은 전문가"는 자신을 포함해 서머스나 크루그먼 같은 월가 및 대기업과 밀접한 관계를 맺고 있는 이들이다.

이보다 더 기가 찬 것은 클린턴 부부의 월가 및 대기업과의 유착 관계에 대한 크루그먼의 철저한 옹호다. 크루그먼은 이 부부가 거액의 정치헌금을 받은 것이 힐러리 클린턴이 여태껏 펼친 정책과 또 향후에 펼칠 정책에 아무런 영향력을 행사하지 않을 것이라고 단언했다.

이런 상황으로 볼 때 크루그먼이 민주당 후보를 지지한다 해서 우리 식의 진보로 분류하기는 어렵다. 이것이 우리나라의 진보가 그를 덮어놓고 추앙해서는 안 되는 이유다. 그리고 누차 강조한 바 있듯, 현재의 미국은 정당과 이념 그리고 학파 간의 전통적 분류법이 더 이상 들어맞지 않는 아노미 형국임을 독자들은 기억해야 한다. 끝으로 월가의 돈에 물든 관변(官邊), 그리고 직접적으로

— 부자는 어떻게 가난을 만드는가

월가의 하수인이 된 재변(財邊) 경제학자들도 무너져 내리는 미국 중산층과 불평등 심화에 큰 몫을 하고 있는 주범 중 하나라는 사실을 반드시 인식해야 한다.

그런 경제학자들 중 언론에 이름이 오르내리는 몇 명이 있다. 앨런 크루거(Alan Krueger), 오스턴 굴즈비(Austan Goolsbee), 크리스티나 로머(Christina Romer), 로라 타이슨(Laura Tyson), 브래드퍼드 들롱(Bradford DeLong) 등이다. 이들 중 몇은 빌 클린턴 전 대통령과 현 오바마 대통령 행정부에서 경제자문위원회 위원장을 맡았던 자들로 프린스턴대, 시카고대, 그리고 버클리 캘리포니아대 등 이른바 명문 대학에서 교수로 재직하고 있다. 크루거와 로머는 힐러리 경선 과정에서 자문 역할도 했던 이들이고, 들롱은 클린턴 행정부 때 서머스 밑에서 재무부 부차관보를 지낸 인물이니 모두 그 나물에 그 밥인 자들이다. 다시 말해 모두 월가의 충견들인 것이다. 그러니 이들이 월가와 아무런 상관이 없는 샌더스를 그토록 미워하며 헐뜯을 수밖에…….

PART 3

민주주의 사회에서 귀족제 사회로의 전환

나에게 민주적 사회주의는 그저 단순한 민주주의일 뿐이다.
보통 시민의 자유를 옹호하며, 부자만이 아닌 모든 사람이
양질의 삶을 향유할 수 있는 국가와 세상을 만드는
바로 그 민주주의다.

― 버니 샌더스

chapter 21

신귀족제 국가의 탄생

사회학 개론 시간에 학생들이 처음 접하는 개념들 중에 '귀속적 지위'와 '성취적 지위'라는 것이 있다. 귀속적 지위는 아들이나 딸 같이 태어나면서 자동적으로 얻게 되는 지위를 말하고, 성취적 지위는 기자나 판사같이 자신이 노력해 취득하는 지위를 말한다.

'귀속'과 '성취'라는 말은 이렇게 개인의 지위뿐 아니라 사회의 성격을 묘사할 때도 사용된다. 타고난 신분이 일상의 삶에서 더 중요하게 고려되고 그래서 한 사람의 일생이 거의 그것에 의해 좌지우지될 수 있는 사회를 '귀속적 성격의 사회'라고 부르는데, 주로 과거 전통사회를 이런 사회로 분류한다. 반면, 사람을 평가할 때 타고난 신분보다 개인의 능력이나 업적 등을 주로 고려하는 사회를 '성취적 성격의 사회'라고 부른다. 현대 사회가 여기에 속한다고 볼 수 있다. 물론 현대 사회에서도 신분이 더 강조되는 귀속적 성격의 국가나 지역사회가 있을 수 있고, 과거 전통사회에도 성취적 요소가 강조된 사례들을 엿볼 수는 있다.

어쨌든 우리는 현대 미국 사회를 타고난 것을 중시하는 귀속적 성격이 강한 일종의 신분제 사회가 아니라, 성취를 중시하는 기회와 가능성이 충만한 사회로 알고 있었다. 그리고 그 가능성을 바로 아메리칸 드림과 등치했었다. 노력만 하면 무엇이든 할 수 있고, 무엇이든 될 수 있는 사회 말이다.

그러나 이것도 미국에 대한 다른 선입견과 마찬가지로 소설이다. 정치 경제를 장악한 소수 엘리트 계층이 고착화되고 그들의 신분이 후대로 대물림되면서, 그 외 사람들의 계층 상승은 원천적으로 차단되어 이제 미국은 '신귀족제 사회(new aristocracy)'가 되었다는 소리가 여기저기서 흘러나오고 있다. 2014년 8월 미국 공화당 대선 예비 후보에 이름을 올린 사람들 중에 젭 부시를 포함한 3명은 그들의 부친도 과거 대통령이었거나 대선 후보로 출마한 경력이 있었다. 알다시피 민주당 대선 후보 힐러리 클린턴도 빌 클린턴과 핏줄을 나눈 사이는 아니지만 분명 남편의 정치적 후광을 입은 사람이다. 그래서 미국에 '정치 왕조(political dynasty)'가 존재한다는 말이 나오고 있는 것이다.

— 부자는 어떻게 가난을 만드는가

이런 사실을 두고 영국의 두 매체 〈이코노미스트〉와 〈가디언〉은 지위 상속(inherited status)에 반대하고 권력 상속(inherited power)을 법적으로 금지한 나라 미국이 이처럼 정치적 명망가에게 관대한 것이 매우 괴이하게 보인다고 지적했다. 〈이코노미스트〉는 미국 역사에서는 왕과 봉건 영주가 존재하지 않았기 때문에 역설적으로 "지배 엘리트 계층의 공고화(calcifying)에 대한 우려가 덜해서 이런 현상이 벌어졌을 것"이라는 분석을 덧붙이기도 했다. 마치 도시에서 자란 사람이 시골 생활에 대한 로망을 갖고 있는 것과 마찬가지로 말이다.

하버드 대학 바버라 켈러먼(Barbara Kellerman) 교수는 미국인들이 정치 명망가 집단, 즉 정치 왕조에 대해 이제는 관대함을 넘어 집착을 보이고 있다고 주장한다. 그리고 그 이유로 "미국의 유명 인사(명사)들에 대한 숭배와 독특한 선거제도, 그리고 과거에 대한 향수"를 거론했다. 다시 말해 많은 미국인이 투표에 임할 때 정당을 고려하기보다는 과거 경기가 좋았던 시절에 들었던 지도자의 성을 떠올려 그 성을 가진 사람을 뽑을 가능성이 높다는 말이다. 이것이 몇몇 정치적 명망가를 낸 집안의 사람이 대를 이어 선출되는 현상을 낳아 결국 '정치 왕조'라는 말까지 나오게 되었다는 지적이다.

시사평론가 러스 베이커(Russ Baker)도 이와 비슷한 의견을 피력하며 미국에서 지금 일어나고 있는 권력 세습 현상의 이유를 다음과 같이 설명한다. "미국인은 영국과 영국 왕조에 대해 심한 열등감과 부러움을 갖고 있다. 그래서 자수성가라는 이상을 갖고 있음에도 지위에 있어서는 이런 이상을 예외로 한다. (…) 미국인은 왕조에 대한 환상에 굶주려 있고, 그것을 대단한 것으로 치켜세운다. 그런 이유로 우리는 케네디가, 부시가, 그리고 클린턴가를 좋아하는 것이다." 다시 말해 미국의 신흥 명문가가 신귀족 계급이 될 수 있었던 것은 영국식 왕조의 부재를 메우기 위한 일종의 대체재가 필요했기 때문이라는 주장이다.

그러나 내가 볼 때 이런 주장은 현재 미국에서 기세가 등등한 이른바 정치 왕조들의 지위 상속과 권력 상속에 대한 매우 단편적이고 피상적인 실마리만 제공할 뿐이다.

내가 보기에 미국에서 몇몇 정치 명문가가 더욱 각광을 받는 이유는, 앞서 말했다시피 미국에 돈이 권력을 조성하는 금권정치와 소수가 그 정치권력을 쥐고 흔드는 과두정치가 갈수록 뚜렷해지고 있기 때문이다. 바꿔 말하면 금권정치와 과두정치의 실제 주인공들인 0.01%가 사람들의 관심을 몇몇 정치 명문가에게만 쏠리게 만듦으로써 보다 용이하게 정치권을 관리하려 하기 때문이다.

0.01%와 정치 명문가가 서로 윈윈할 수 있는 이런 현상이 고착화될수록 미국은 건국 초기의 고귀한 이념들, 이를테면 평등과 기

— 부자는 어떻게 가난을 만드는가

회 보장 등을 헌신짝처럼 내팽개치는 꼴이 되고 있다. 그런데도 미국인들은 미디어가 집중 보도하는 이른바 '신종 로열패밀리'에 열광하느라 자신들이 살고 있는 미국이 신분제 사회로 가고 있는 것을 모르고 있다. 여전히 자신들의 국가가 세계에서 가장 평등하며 기회가 보장된, 자수성가가 가능한 나라로 착각하고 있는 것이다.

미국의 정치 왕조가 영국 왕조에 대한 부러움 때문에 조성되었다는 조금 어설픈 주장을 한 베이커조차, 미국의 정치 명문가가 극소수 거부가 내는 정치 기부금으로 만들어진 사실을 대다수 미국인이 눈치채지 못하는 현실을 한탄하면서 이렇게 단언했다. "(그런 돈으로) 선출된 정치인들은 그 돈이 (거부들에게) 되갚아야 하는 돈임을 매우 잘 알고 있다."

미국의 신종 정치 왕조 위에 그들을 꼭두각시로 거느리는 극소수의 거부가 있다는 것을 일반 국민이 거의 인식하지 못하고 있다는 대표적인 예로, 힐러리 클린턴을 지지하는 유색 인종들을 들 수 있다. 베이커의 말대로 그들은 단지 순진하게 신종 정치 명문가의 브랜드 네임에 도취돼 안정감을 얻고 있을 뿐이다. 그런데도 우리나라 언론은 아직도 미국을 '개천에서 용이 나는 나라'로, 아이스크림을 팔던 사람도 대통령이 될 수 있는 나라로 잔뜩 미화하고 있다.

물론 앞으로도 가뭄에 콩 나듯 정치 왕조 가문이 아닌 데서 대통령이 나올 수도 있을 것이다. 하지만 그런 사람도 금권 세력에게 충실히 봉사할 사람이라는 것을 충분히 입증해야 그들의 지원을 받아 대통령에 당선될 수 있을 것이며, 그렇게 대통령이 된 후 그가 속한 집안이 정치 명문가 반열에 오를 수 있을 것이다.

클린턴이나 오바마가 바로 그런 경우다. 권력의지는 있지만 가난했던 이들은 금권 세력에게 뒷돈을 받아 결국 당선될 수 있었고, 당선된 후에는 그 은혜를 갚아야 하기 때문에 금권 세력의 꼭두각시 노릇을 톡톡히 한다. 오바마는 같은 당 워런 의원이 신랄하게 비판하듯 줄곧 월가 편만 들었다. 힐러리도 남편과 같은 성을 쓰는 미국식 문화 덕분에 클린턴이라는 브랜드 네임을 가지고 대권에 도전할 수 있었다. 물론 그녀와 남편 모두 월가와 친밀한 관계를 유지하고 있다.

빌 클린턴이 대통령직에서 물러날 때 거의 무일푼이던 클린턴 부부가 퇴임 후 15년이 지난 2015년 현재 우리 돈으로 약 3000억 원이라는 막대한 재산을 모은 것이 밝혀져 비난 여론이 일자, 힐러리는 이렇게 항변했다. 자신은 잘사는 사람들에 비하면 결코 부자 축에 들지 못한다고. 참으로 역겹지만 일면 진실이기도 한 발언이다. 그녀가 일컫는 '잘사는 사람들'은 바로 0.01%에 해당하는 자들이고, 그들에 비하면 그녀는 그야말로 빈민이다. 재산에 의해 0.01%의 주인과 99.99%의 노예로 나뉘는 신분제 사회에서는 당

　　　　　　　　　　　　　　　　　　— 부자는 어떻게 가난을 만드는가

연히 백인도 노예 안에 포함된다. 따라서 미국의 소득 불평등 문제를 흑백 간의 인종 문제로 국한시키는 것은 사태의 본질을 왜곡하는 것이다.

2016년 1월 31일자 〈월 스트리트 저널〉과 2월 2일자 〈뉴욕 타임스〉 기사가 인용한 정치자금 감시 단체인 CRP(Center for Responsive Politics)의 보고에 따르면, 이번 미국 각 당 대선 후보 후원금 3분의 1은 바로 월가로부터 나왔다. 또한 슈퍼팩에 들어온 정치 기부금 총 2억 9000만 달러(약 3480억 원) 중 30% 이상이 월가의 금융계 거물들로부터 나왔다.

브라운 대학 페드로 달 보(Pedro Dal Bó) 교수의 2009년 연구에 따르면 미국 국회의원 중 10%가 국회에 진입하기 이전에 국회의원 친척을 두고 있었다. 〈타임〉도 최근 이와 비슷한 조사 결과를 내놓았다. 다시 말해 이제 미국은 대통령은 물론 국회의원도 점점 '개천'에서 나기가 힘든 사회로 바뀌고 있다. 개천에서가 아니라 용소(龍沼)에서 용이 나오는 경향이 짙어지고 있는 것이다.

이는 단지 정치권에 국한된 문제가 아니다. 조지 W. 부시 전 대통령의 딸 제나 부시 헤이거는 NBC 뉴스의 특파원이고, 클린턴의 딸 첼시 클린턴도 2011년 NBC 뉴스 특파원을 지냈다. 이를 두고 베이커는 〈가디언〉에 기고한 글에서 이렇게 지적했다. "족벌주의(nepotism)가 현재 미국에서 활개를 치고 있다. 뉴스에서조차 자리를 꿰차는 사람들을 보라. 이제는 우리 사회 중요한 모든 부문에서 이런 정치 왕조 명문가 자녀들이 눈에 안 띄는 곳이 없다."

이런 것을 보면 현재 우리나라 젊은이들 사이에서 회자되는 금수저 계급론은 우리나라에만 해당되는 일이 아니다. 그런데도 우리는 미국은 전혀 그렇지 않을 것이라고 생각하고 있으니 정녕 큰 문제가 아닌가?

사다리를 걷어차는 미국 교육 현실

그런데 이보다 더 주의를 기울일 사안이 있다. 미국이 태어난 신
분이 더 중요한 신귀족제 사회(혹은 신분제 사회)로 변모해가는 동
안, 기회나 가능성을 통해 자기가 태어난 계층보다 더 위로 올라
가는(사회학적 용어로는 '상향 사회이동'이라 부른다) 데 전통적으로 중
요한 요소로 작용했던 '교육'이라는 변수가 지리멸렬한 상태에 처
해졌다는 사실이다. 아니 오히려 교육이 신분 상승은커녕 빈부 격
차를 더 심화시키는 쪽으로 작동하고 있다는 연구들이 최근에 쏟
아지고 있다.

이렇게 교육이 사회이동에서 중요한 변수로 작용하지 못하고
오히려 사회이동을 억제하는 역효과를 자아내게 된 것은, 그만큼

미국 교육이 황폐화되었음을 의미한다. 그리고 바로 이것이 미국 중산층 붕괴와 불평등 심화를 가속화시키고 있다. 어떻게 이런 일이 벌어지게 된 걸까?

피아노나 바이올린 레슨 등에 들어가는 사교육비는 일단 논외로 치자. 우리나라와는 달리 극소수 상위 계층을 빼고는 일반 중산층은 이런 것을 시킬 여력이 없으니까 말이다. 그저 학교만 살펴봐도 미국에서 일반 중산층 자녀가 다니는 공립학교와 그 이상의 소득 계층 자녀가 다니는 사립학교의 차이는 명백하다. 극소수 부자 자녀들이 다니는 엘리트 사립학교는 더 말해 무엇하랴. 이른바 엘리트 교육, 이것이 신분 상승을 원천적으로 봉쇄시키고 있는 것이다.

쉽게 얘기해서 소득과 부의 격차가 교육 격차를 벌어지게 하고, 그것이 다시 소득 격차를 확대시키는 악순환이 벌어지고 있는 것이다. 사비노 콘리치(Sabino Kornrich) 등의 연구를 보면 소득 상위 계층이 자녀 교육비 지출을 늘리는 추세는 과거 30년간 계속돼왔다. 그리고 그런 경향은 2008년 금융 위기 이후 더욱 짙어졌다.

〈이코노미스트〉는 "미국의 교육 시스템 자체가 다른 국가들에 비해 부자들의 자녀를 더 선호하기 때문에" 이런 악순환 현상이 벌어진다고 일갈한다. 명문 사립대는 '기여 입학제(legacy preferences)'로 부유층 자녀들을 뽑고, 그런 학교를 나온 자녀들

— 부자는 어떻게 가난을 만드는가

은 좋은 직장을 잡아 높은 소득을 올릴 수 있기 때문이다. 사실 금융 위기 발발 이전에 부동산 거품을 잔뜩 조성해 짧은 시간 안에 돈방석에 앉은 월가 종사자들이 바로 명문 사립대 출신이었다. 그것을 지켜본 미국 국민들은 거의 광적인 수준으로 명문 사립대를 선호하게 되었다. 덩달아 그런 명문 사립대 입학률이 매우 높은 이른바 엘리트 사립 고등학교의 인기도 높아졌다. 말하자면 한국의 고질적인 학벌주의 병폐가 미국에서도 벌어졌다고나 할까? 돈 앞에서 허무하게 무너지는 것이 사람의 보편적인 성향인가 보다.

물론 최하위 계층에 속하는 가정의 자녀 중 극소수도 장학금을 받아 엘리트 사립 고등학교나 명문 사립대학에 들어갈 수 있지만, 그런 경우는 그야말로 예외에 해당한다. 대부분의 중산층 이하 가정의 자녀에게 그런 학교들은 그림의 떡이다. 따라서 거의 대부분 일반 공립 고등학교를 졸업하고, 대학(주로 국공립 대학)에 진학하더라도 결국 학자금 대출로 인해 빚을 떠안고 사회에 진입할 수밖에 없는 것이 그들의 운명이다.

금융 위기 이후로는 재정난을 이유로 저소득층 밀집 지역에 있는 공립 중고등학교의 폐교가 잇따르고 있어 미국 저소득층 자녀들은 그야말로 교육의 사각지대에 놓여 있다고 해도 과언이 아니다. 예를 들면 오바마의 연인으로 불리는 이매뉴얼 람(Emauel Rahm) 시카고 시장은 재정난을 이유로 공립학교 50여 개 폐쇄를 일시에 단행했다. 이들 학교는 죄다 빈민층 밀집 지역에 있었다. 이래 놓고서 이 시카고 시장이 벌인 일이 17개의 차터 스쿨(우리 식으로 하면 자율형 공립고와 자율형 사립고로, 공립형 차터 스쿨조차 수업료를 학부모가 부담한다) 설립이었다. 이것도 모자라 귀족 학교가 넘쳐나는 부유층 지역에 또 엘리트 사립학교를 만들 계획을 세웠다가 지역 주민들의 반발에 부딪쳐 무산됐다. 이 시카고 시장이 그 엘리트 학교에 오바마 이름을 붙이려고 했다니, 제정신이었나 싶다. 이 일화는 미국 권력자들에게 중산층 이하 서민들의 눈물은 전혀 고려의 대상이 아님을 말해준다.

이 대목에서 2016년 7월 우리나라를 발칵 뒤집어놓은 한 교육부 고위 관료의 "99%는 개, 돼지" 망언이 떠오를 것이다. 하지만 그 얘기는 잠시 뒤로 미루고 미국의 교육 이야기를 좀 더 해보기로 하자.

앞서 잠시 언급한 바 있지만 미국의 대학 입시 제도도 문제가 많다. 이것도 미국 빈부 격차 심화에 한몫하고 있다. 미국의 대입 제도는 학생을 성적으로만 뽑지 않는다. 얼핏 합당한 것처럼 보이지만 미국에서 수입되어 우리나라에서 시행되고 있는 입학사정관제 폐해를 통해 명백히 알 수 있듯이, 미국의 대입 제도는 그야말로 야로가 개입하기 매우 쉽다. 그래서 입시에서 합격 혹은 불합격의 이유를 전혀 가늠할 수 없다. 그러나 가장 큰 합격 요인으로 꼽히는 것은 바로 부모의 재력이다.

그런 경향은 금융 위기 이후 더 극심해졌다. 사립대학은 사립대학대로, 공립대학인 주립대학은 그들대로 재원 마련에 어려움을 겪고 있고, 그러다 보니 등록금에 의존하는 비중이 높아졌기 때문이다. 따라서 대학들은 장학금을 탈 수 있는 성적은 좋으나 가난한 학생보다, 더 비싼 등록금을 내야 하는 타주 출신 학생이나 외국인 학생(주로 중국 유학생)을 대거 받아들이고 있다. 공립대학이고 사립대학이고 할 것 없이. 말하자면 대학들의 재원 마련을 위한 자구책으로 그들의 전통적인 입시 전형 방식이 악용되고 있는 것이다. 어떤 제도든 잘 쓰면 약이지만 잘못 쓰면 독이듯, 현재 미국의 대입 전형 방식은 명백히 독으로 변해 있다.

이런 맥락도 모른 채 미국에서 유학을 했거나 거기서 연수를 받고 돌아온 우리나라 교육학자와 관료 들이 미국의 대입 제도를 무작정 도입해 따라 하고 있으니 큰 낭패다. 그렇지 않아도 엉망진창인 우리나라 대입 제도를 더 만신창이로 만들고 있는 것이다.

우리나라와 같이 많은 사람이 대학에 들어가려 하는 상황에서는 성적으로만 뽑아 일면 잔인해 보였던 과거 우리나라 대학 입시제도가 투명성과 공정성 보장 면에서 가장 낫다고 나는 생각한다. 합격과 불합격의 이유를 누구나 수긍할 수 있기 때문이다. 그래서 예전의 학력고사제와 내신제가 합병된 방식으로 돌아가야 한다고 생각한다. 그게 최선책은 아니지만 차악책은 될 수 있기 때문이다. 최근 〈이코노미스트〉가 미국에서 신분제가 공고화되는 것을 막기 위해 캘리포니아 공과대학처럼 학생 선발을 순전히 성적으로만 할 것을 강력하게 권고한 것도, 바로 나와 같은 생각에 기반하고 있기 때문일 것이다.

미국의 온갖 야로로 점철된 대입 제도와 철저하게 빈부 격차로 나누어진 교육 시스템이 바로 미국이 신귀족제(신분) 사회로 변모하는 데 일조하는 주요한 변수가 되었다. 전통적으로 사회이동을 가능케 하는 주요 변수로 작동하던 교육이 지금은 그것을 철저하게 방해하는 역주행 코스를 타게 된 것이다. 이것은 부유층을 선호하는 물신숭배적 사회 문화, 그리고 교육의 공공성을 망각한 정부의 배임에 그 일차적인 책임이 있다. 한편에는 부유층을 선호하여 그들의 자녀들을 주로 충원하려는 입시 시스템을 가동시키는 명문 사립대학과 고급 기숙사까지 갖춘 엄청나게 비싼 학비의 엘리트 사립 고등학교가 있고, 또 한편에는 그런 학교에는 발을 들이미는 것조차 꿈꾸지 못하는 중산층 이하 서민 자녀들이 다니는 공립학교가 재정 지원이 부족해 교사를 자르거나 아예 폐쇄되는 미국의 교육 현실. 결과적으로 이러한 미국의 양극화된 교육 때문에 미국의 빈부 격차는 갈수록 점점 더 벌어지고 있는 것이다. 말하자면 현재 미국은 교육제도에서조차 앞서 살펴본 '벨벳 로프 경

— 부자는 어떻게 가난을 만드는가

제'가 작동하고 있다. 이런 와중에 교육을 통한 사회이동 가능성을 논하는 것은 명백한 오류다.

스탠퍼드 대학 사회학과 교수 숀 리어든(Sean Reardon)도 〈뉴욕타임스〉에 기고한 글에서 "부유층 자녀가 좋은 학교에 가서 높은 성적 올리고, 그렇게 학업 성취도가 높은 아이들이 결국엔 부자가 되는 것"이야말로 미국 교육이 당면한 뼈아픈 문제라고 지적했다. 그러면서 그는 신분제에 중요한 변수로 작용하는 교육 격차의 원인을 흑백 간 인종 문제가 아니라 소득 격차 문제에서 찾아야 한다고 주장했다.

이런 사실도 정확히 모르면서 미국에서 시행하면 무조건 다 좋은 건 줄 알고 미국을 그대로 따라 하고 있는 게 우리네 교육 현실이다. 그래서 자율형 공립고와 자율형 사립고, 그리고 특목고를 만들어 공교육을 황폐화시키고 있다. 거기다가 소논문 작성, 학생부 종합전형 등을 포함한 입학사정관제를 도입해 입시를 '로또'로 만들고 공정성과 투명성을 제거하고 있다. 아니, '로또'화 정도가 아니다. 봉사, 소논문 작성, 논술, 자소서, 학생부 종합전형 등 그 모든 것을 무슨 수로 한 학생이 감당하겠는가? 결국 다른 사람이 대신 해야 하고 그것을 대신 시킬 수 있는 사람은 곧 여유 있는 부모가 아닌가. 다시 말해 이런 식으로 가면 우리나라 역시 부모가 가진 부의 정도에 따라 자녀의 학교가 정해지고, 그에 따라 자녀의 소득과 인생이 달라지는 신분제가 정착할 수밖에 없다는 것이다.

2016년 7월 초 나향욱 교육부 정책기획관이 기자들과 만나는 자리에서 "우리나라에도 미국과 같은 사회적 신분제가 필요하다", "99%의 민중은 개, 돼지"라고 발언해서 파문이 일었다. 어이를 상실케 하는 이 망언으로 결국 그는 중징계를 면할 수 없게 되었지만, 나는 그의 발언에서 주목한 점이 있다. 그가 바로 우리나라 언론도 짚어내지 못한 사실, 즉 미국이 신분제 사회임을 간파했다는 것이다. 물론 그런 안목에 비판적 정의감까지 더해졌더라면 오히려 그는 미국의 교육제도를 반면교사 삼아 우리나라 교육의 나아갈 방향을 제대로 향도했으리라.

그런데 과연 나향욱 기획관은 자신이 말한 99%가 아니라 대한민국 1%에 포함될까? 내 생각으로는 '아니올시다!'다. 우리나라 1% 사람들은 "어디서 감히 공무원 나부랭이가!" 할 것이 분명하다. 한껏 비웃으면서 말이다. 그가 만약 현재의 교육 시스템에서 공부했다면 1%에 속하기는커녕 십중팔구 교육부 고위 공무원 자리에도 앉지 못했을 것이다. 자신이 올라왔던 사다리를 걷어차버리는 양심 불량은 그에게서 그쳤으면 좋겠다. 나향욱 기획관과 비슷한 생각을 지닌 교육부 관료들에게 내가 꼭 해주고 싶은 말이다.

— 부자는 어떻게 가난을 만드는가

chapter 23

제조업 붕괴가 이끈 중산층 몰락

앞서 살펴본 여러 요인 외에 미국 중산층을 몰락시키고 있는 또 다른 요인으로 미국 제조업의 붕괴를 꼽을 수 있다. 제조업은 어느 나라에서나 이른바 '굴뚝 산업'이라 불리며 국가 기간산업으로서 중산층의 버팀목이 되어왔다. 따라서 어느 나라에서든 제조업이 붕괴되면 그것은 곧 중산층 몰락으로 이어지기 쉽다.

그러면 미국에서 제조업은 어느 정도나 그 힘을 잃어가고 있을까. 그 답을 위해 〈CNN 머니〉 보도를 보자. 그 보도를 보면 1950년대에는 제조업이 미국 경제에서 차지하는 비중이 27%였는데, 2015년 11월 현재 그 비중은 고작 12%다. 대신 그만큼 서비스업의 비중이 커졌다. 미국 굴뚝 산업의 퇴조는 여러 가지 측면에서 그 원인을 찾을 수 있지만 가장 큰 이유로 거론되는 것은 바로 전 지구화(globalization)다. 인건비 등 비용 절감을 위해 공장을 해외로 이전하거나, 제품을 만들기보다는 싼값에 수입하면서 미국의 제조업은 사양길에 접어든 것이다. 결국 글로벌화는 미국 경제와 국민들에게도 커다란 생채기를 입히고 있다.

2000년에서 2009년까지 약 10년 동안 미국에서 거의 600만 개의 제조업 일자리가 사라졌다. 펜실베이니아 주만 해도 2001년에서 2011년까지 약 25만 8000개 제조업 일자리가 종적을 감췄다. 미국노동통계국(Bureau of Labor Statistics)이 조사한 바로는 미국 제조업체 종사자 수가 1979년에는 1960만 명이었다가 2007년에는 1370만 명으로, 2010년에는 1100만 명으로 하강했다. 직장을 잃으면 곧장 빈곤층으로 전락하는 '가불 경제' 아래서 제조업체 일자리가 사라지는 것은 그만큼의 중산층 소멸을 뜻한다. 일리노이 대학 도시계획과 교수인 하워드 위얼(Howard Wial)은 이를 두고 "제조업의 쇠락이 중산층 붕괴에 크게 기여했다"고 결론짓는다.

제조업은 또한 경기를 측정하는 바로미터로 사용되기도 한다. 이것을 '제조업 지수'라고 하는데 그중 가장 많이 사용되는 것 중 하나가 1915년부터 미국 제조업 부분에서 공식적으로 측정하는 지수인, 미국공급관리협회(ISM)가 발표하는 'ISM 제조업 지수'다. 이 지수의 50선을 기준으로 해서 그 위는 경기 확장을 아래는 경

— 부자는 어떻게 가난을 만드는가

기 위축을 의미하는데, 2015년 10월 현재 그 지수는 50.1이다. 적신호가 켜진 셈이다. 제조업은 이렇듯 국가의 기간산업으로서 경제를 이끌어가는 견인차 역할을 할 뿐 아니라, 중산층의 수와 삶의 질과도 밀접한 연관을 맺고 있다.

웰스파고 은행의 경제 고문 크리스 하버랜드(Chris Haverland)는 "2016년을 향하면서 서비스 부분이 강세를 띠고 있어서 제조업의 부진을 메울 것이기에 걱정할 것 없다"는 의견을 피력했지만, 과연 이런 향배가 미국 중산층에게도 청신호로 작용할 수 있을까? 나의 견해는 매우 부정적이다. 그 이유는 다음의 사실 때문이다.

미국에서 제조업에 종사하는 사람들은 대부분 고등교육을 받지 못한 사람들이다. 심지어 고등학교를 졸업하지 않은 사람들도 수두룩하다. 그럼에도 불구하고 제조업 종사자들이 중산층으로 분류되는 것은, 든든한 직장을 가지고 있는 동안에는 '가불 경제'로 돌아가는 미국 경제 시스템 아래서 아주 넉넉하지는 않지만 그럭저럭 무난한 삶을 영위할 수 있기 때문이다.

그러나 중산층의 텃밭이라고 간주되던 제조업이 쇠락하면서 거기에 종사하던 근로자들은 다른 일자리를 찾을 수밖에 없었고, 그들이 발길을 돌린 곳은 서비스 업종이 대부분이다. 그러나 지난 20여 년 동안의 임금 추이를 추적해보면, 제조업에서 서비스업으로 대거 이직한 고졸 이하 남성 근로자들의 소득이 과거 제조업에 있을 때보다 훨씬 감소했다. 이는 서비스업의 임금이 제조업에 비해 상대적으로 낮기 때문이다.

브루킹스 연구소의 멜리사 커니(Melisa Kearney)를 비롯한 세 명의 연구팀은 이 문제와 관련된 매우 의미 있는 연구 결과를 2015년 상반기에 발표했다. 그들의 연구는 다음의 그래프로 일목요연하게 요약된다.

이 그래프에서 확인할 수 있듯 고등학교 중퇴 이하의 학력을 가진 30~45세 남성 근로자의 중간소득이 1990년에서 2013년 사이 20% 감소했다. 이것은 개인 소비 지수를 사용한 물가상승률을 반영한 수치다. 액수로 보면 이들의 중간소득은 2013년 당시 화폐 가치로 환산해 1990년에는 3만 1900달러였지만 2013년에는 2만 5500달러였다. 고등학교 중퇴 이하의 학력을 가진 같은 연령 구간의 여성 근로자의 중간소득은 같은 기간 1만 9600달러에서 1만 7300달러로 약 12% 떨어진 것으로 확인되었다.

또한 대학 중퇴 고졸 남성 근로자의 경우 같은 기간에 중간소득이 13%(4만 7100달러에서 4만 700달러로) 하락했다. 다만 이와 동일한 학력을 가진 여성의 중간소득은 같은 기간에 3% 정도(2만 8600달러에서 2만 9500달러로) 상승한 것으로 나타났다.

이 조사 결과가 의미하는 바는 바로 고등교육을 받지 못한 미국

— 부자는 어떻게 가난을 만드는가

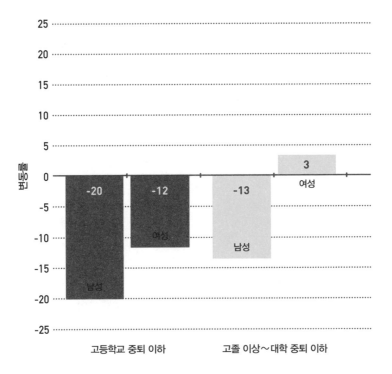

| 1990~2013년 학력별로 본 남녀 실제 중간소득 변동률 |

출처 : 브루킹스 연구소, 해밀턴 프로젝트(2015)

의 근로자들이 과거 20여 년 동안 임금이 비교적 좋은 제조업에서 낮은 서비스업으로 이동하면서 저임금 노동자로 전락했다는 것이다. 물론 이것은 그들이 중산층에서 서서히 빈곤층으로 밀려나고 있음을 의미한다. 특히 고등학교 중퇴 이하 남성 근로자의 피해는 지대하다. 이제 왜 그렇게 저학력 저임금 백인 노동자들이 도널드 트럼프에게 지지를 보내는지 이해가 갈 것이다.

다음의 그래프를 보면 저학력자의 제조업에서 서비스업으로의 이동이 더욱 명확해진다. 1990년에는 고등학교 중퇴 이하의 남성 근로자 중 40%가 트럭 운전사나 건설 노동자 같은 전통적인 블루칼라 직종(기계와 장비를 익숙하게 다룰 줄 아는 숙련된 육체노동자)이었다. 그들은 중산층의 수입을 올렸고 제조업의 허리 노릇을 해왔다. 그러나 2013년에는 그 비율이 34%로 쪼그라들었다.

반면 1990년에는 11%에 불과하던 요식업, 세탁업, 그리고 잔디 깎기 등의 일용직 서비스 종사자가 2013년에는 21%로 거의 배가 상승했다. 이는 고졸 중퇴 이하 남성 근로자들이 제조업의 쇠퇴로 어쩔 수 없이 저임금 노동으로 옮겨 간 것을 말해준다. 다시 말해 제조업 사양화가 빈부 격차와 소득 불평등을 심화시키고 있음을 이 연구가 확인시켜주고 있는 것이다.

과거에 미국이 세계 그 어디에서도 찾을 수 없는 중산층의 나라로 불린 것은, 바로 학력이 미비한 사람들조차 거친 노동을 할지

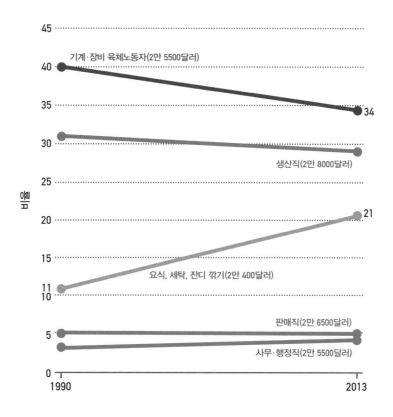

| 1990년과 2013년 고등학교 중퇴 이하 남성 근로자의
직업군 분포 비율과 2013년 중간소득 |

기계·장비 육체노동자(2만 5500달러)

34

생산직(2만 8000달러)

21

요식, 세탁, 잔디 깎기(2만 400달러)

판매직(2만 6500달러)

사무·행정직(2만 5500달러)

1990   2013

비율

출처 : 브루킹스 연구소, 해밀턴 프로젝트(2015)

라도 중산층 대열에 낄 수 있었기 때문이다. 다시 말해 상대적으로 높은 임금을 보장하는 육체노동의 본거지인 제조업이 튼실했기 때문에 미국 중산층이 전성기를 구가할 수 있었다.

하지만 경비 절감을 위해 공장을 해외로 이전하거나 제품을 해외에서 수입해 오면서, 그리고 공장 자동화가 급속하게 이루어지면서, 미국 제조업은 기력이 쇠해졌다. 그러는 동안 미국의 중산층도 동반 몰락한 것이다. 그 와중에 호주머니를 불릴 수 있었던 유일한 사람들은 바로 전지구화와 자동화로 인해 각종 수혜와 특혜를 누린 경영자층과 미국의 소득 상위 0.01%였다. 전지구화의 수혜자는 사주와 극소수 상위 계층일 뿐이고 나머지 국민들은 피를 보게 된 것이다. 그러니 민주당이나 공화당 가릴 것 없이 전지구화의 다른 이름인 자유무역협정의 수정을 입에 달고 있고, 그러면 그럴수록 유권자의 지지가 올라가는 것이다. 전지구화의 피해자인 과거 제조업 종사자들에게 그만큼 속 시원한 이야기가 없으니까 말이다.

몇 년 전만 하더라도 우리나라의 제조업은 승승장구했다. 그러나 미국과 중국, 그리고 유럽의 경기 둔화와 부진의 여파가 우리에게도 밀려오면서 우리나라 제조업도 위기를 맞고 있다. 최근 한국은행은 우리나라의 제조업 가동률이 IMF 외환 위기 때의 67.6% 이후 17년 만인 2015년에 최저 수준인 74.2%를 기록했다고 발표했다. 그러나 이것은 올해인 2016년에야 불거진 우리나라 조선업계의 초상집 분위기가 반영되지 않은 결과다. 지금 벼랑 끝에 선 우리나라 조선업계가 이대로 붕괴된다면 이것은 제조업 전체의 붕괴를 알리는 서막일 수 있고, 그러면 우리나라 중산층 붕괴에도 큰 영향을 미칠 것이다. 가령 조선업계에서만 구조조정이 시행되더라도 하청업체를 포함해 약 5만 명의 근로자가 직장을 잃을 것으로 예측되고 있다. 조선업계의 월평균 임금이 2015년 기준 450만 원인 것을 감안하면, 당당한 중산층이었던 약 5만 명의 근로자가 실직과 동시에 중산층에서 밀려날 수 있다는 말이다.

미국의 예에서 보듯 백척간두에 선 대한민국의 제조업은 곧 우리나라 중산층의 위기를 말해준다. 그렇다면 우리가 나아가야 할 바는 무엇인가? 다 같이 머리를 맞대고 지혜를 모아야 할 시점이다. 무엇보다 앞으로도 계속해서 대기업 위주의 정책을 펼쳐야 할 것인가를 곰곰이 생각해봐야 할 때다. 더 이상 장남 밀어주기로 한 집안을 일으키는 시대가 아닌 것과 마찬가지로, 대기업 밀어주기로 국가의 부를 창출하는 시대는 지났다. 중산층을 두텁게 만들기 위해서 몇 개의 대기업보다 수천수만 개의 튼실한 제조업체 육성에 총력을 기울일 때다.

규제 완화의 산물, 금융화

미국에서 제조업이 붕괴하고 서비스업이 부상하는 와중에 중산층이 붕괴되고 있는 것은 앞 장에서 살펴보았다. 이번 장에서는 서비스업이 이와 다른 방식으로 중산층 붕괴에 어떻게 일조하고 있는지를 알아보려고 한다. 그것은 바로 서비스업 중 금융 부문이 비대해지는 현상, 즉 금융화(financialization)의 폐해다.

　모두 알다시피, 신자유주의는 기업 이윤의 극대화를 목표로 한다. 그리고 그것을 위해 내세우는 필요조건은 바로 작은 국가, 즉 작은 정부다. 그렇다면 작은 국가와 작은 정부는 무엇을 의미하는가? 그것은 곧 규제 철폐 혹은 규제 완화를 의미한다. 신자유주의자들은 규제의 칼날을 시퍼렇게 갈면서 언제든 기업들을 겁박할

요령만 피우고 있는 정부를 기업에는 하등 도움이 안 되는 장애물로 간주한다. 그래서 그들은 기업을 부흥시켜 그 결실을 함께 나누는 사회를 원한다면 과감하게 손톱 밑 가시와 같은 정부의 각종 규제를 철폐해야 한다고 주장한다.

얼핏 들으면 좋은 이야기 같다. 하지만 실제로 규제 철폐가 현실화되면 어떤 폐단이 발생하는지를 미국이 명징하게 보여주고 있다. 바로 이 장에서 살펴볼 금융화다. 도널드 토마스코비츠-데비(Donald Tomaskovic-Devy)와 켄-후 린(Ken-Hou Lin)은 신자유주의가 낳은 가장 근본적인 결과물로 금융화를 지목했다. 왜냐하면 신자유주의의 기치인 작은 국가, 즉 정부의 규제 철폐를 통해 미국에서 가장 그 몸집을 키운 것이 바로 월가의 금융 산업이기 때문이다.

따라서 금융화는 분명코 탈규제의 산물이다. 금융화는 월가가 자신들의 탐욕을 무차별적으로, 무자비하게, 그리고 무조건적으로 실현하기 위해 정부를 회유하고 압박해 결국에 획득해낸 것이다. 처음에 월가는 탈규제의 열매를 국민과 같이 공유하겠다는 달콤한 약속을 했지만 자신들의 배만 채웠다.

전체 산업에서 금융이 차지하는 비중을 높임으로써 결국엔 사회 및 정치 부문까지 금융이 장악하게 만드는 것, 이것이 바로 금융화의 실체다. 월가는 금융화라는 이 목표를 달성하기 위해 정부와 정치권을 끊임없이 압박해 규제 철폐를 관철시켰고, 그로 인해 자신들은 영원히 망하지 않는 판짜기를 완성했다. 결국 최대 피해자는 국민이다. 국민의 세금이 볼모가 되는 판이기에 월가는 일시적으로 망한다 해도 계속 이득을 챙길 수 있기 때문이다. 금융화가 노린 것이 바로 이것이다.

금융화가 미국에서 전개되는 동안 소득 불평등도 동시에 진행됐다. 따라서 정부의 규제 완화로 인한 금융화는 중산층 붕괴와 소득 불평등 심화의 주범이다. 토마스코피츠-데비와 린이 제시한 자료를 보면, 1970년대까지 지지부진하던 금융업 부문 종사자들의 보수가 1980년을 넘어서면서 급격히 상승하는 것을 알 수 있다. 특히 2000년대 들어서는 그 추세가 더 강해져 다른 부분에 종사하는 노동자들의 평균 급여보다 60%를 더 받은 것으로 나타났다. 금융 위기가 발발한 2008년에는 거의 70%를 더 받았던 것으로 조사됐다. 종합해보면, 미국에서 금융화가 진행된 35년 동안 금융업계 종사자들의 수입은 나머지 부문에 종사하는 노동자들의 수입과 그 격차가 점점 더 벌어졌다.

미국의 금융화는 1978년 미니애폴리스 마켓 내셔널 은행 대 오마하 제일은행 서비스 회사(Marquette National Bank of Minneapolis vs. First of Omaha Service Corporation)의 소송에 대한 연방 대법원 판결이 신호탄이 되어 시작되었다. 이 판결이 있

─ 부자는 어떻게 가난을 만드는가

기 전까지 신용카드사는 신용카드 사용자들에게 매기는 이자에 상한선이 있었다. 그러나 이 판결 이후 신용카드사에게는 이자 상한 규제를 교묘히 우회하는 길이 열렸다. 왜냐하면 신용카드 대출이자는 신용카드사 본사가 위치한 주(州)의 법에 따른다는 판결이 났기 때문이다. 이 판결로 인해 전국적 영업망을 갖춘 월가 신용카드사들이 본사를 이자 제한이 없는 주로 이전하게 되었고, 또한 미국 각 주는 고용 창출과 재정 수입 확대를 위해 발 빠르게 이자 상한제를 철폐하면서 신용카드 본사 유치 경쟁에 열을 올렸다. 결과적으로 이 대법원 판결로 인해 월가의 금융업계는 큰 수익을 얻게 되었고 그들의 몸집을 더욱 크게 불릴 수 있었다. 반면 이자 상한제 철폐의 최대 피해자는 신용카드 사용자인 일반 국민이었다.

금융화의 본격적인 원동력이 된 것은 1980년에 발효된 '예금 취급 기관 규제 철폐 및 통화관리법(Depository Institutions Deregulation and Monetary Control Act)'이다. 이 법의 골자는 은행 간 합병 및 주택 모기지 이자율에 대한 규제를 없애는 것이다. 모기지 이자율 규제 철폐의 경우, 겉으로는 저소득층의 주택 소유를 도모한다는 명분으로 시행되었다. 그러나 실은 이 법에는 저소득층에게도 고이자율의 대출 상품을 팔아 고소득을 내고 싶어 하는 금융회사의 탐욕이 담겨 있었다. 이 법으로 신용카드에만 적용되던 이자 상한제 철폐가 모든 금융 상품으로 확대 적용됨으로써 금융화는 가속화되었다.

1994년에는 '리글-닐 주(州) 간 은행법 및 지점 설치 효율성법 (The Riegle-Neal Interstate Banking and Branching Act)'이 단행 되었다. 이전에 미국은 하나의 금융기관이 미국 전 주에 걸쳐 지 점을 설치하거나 운영하는 깃을 금지한 '주 간 은행 금지법'의 제 재 아래 놓여 있었지만, 규제 철폐의 일환으로 그 법은 폐지되고 새로운 법이 시행된 것이다. 명분도 겉으로는 그럴듯했다. 낙후 된 지역에 잘나가는 지역의 은행을 들여와 지역 경제를 활성화시 키겠다는 것이었다. 그러나 이 법의 배후에는 1980년 법 개정으 로 은행 간 합병이 가능해지자 자신의 은행을 전국적 규모로 성장 시키고 싶어 하는, 즉 공룡화를 획책하는 은행 자본가들의 욕망이 깔려 있었다. 바로 그래서 월가의 대형 은행들이 이 법의 통과를 위해 정치권 로비에 사활을 건 것이었다.

그러나 뭐니 뭐니 해도 금융화의 일등 공신은 바로 1999년에 발 효된 '금융제도 선진화법(Financial Services Modernization Act)'이 다. 앞서 나는 2016년 1월 뉴욕 맨해튼에서 있었던 선거 유세에서 샌더스가 1999년 폐지된 글래스-스티걸 법의 온전한 원상 복구 를 선거 공약으로 제시했음을 다뤘다. 바로 이 글래스-스티걸 법 의 폐지를 골자로 한 것이 금융제도 선진화법이었다. 1920년대 대 공황을 불러일으킨 것이 업종 간 상호 진출로 비대해진 금융업계

— 부자는 어떻게 가난을 만드는가

© Gage Skidmore / Flickr

—— 2016년 1월 아이오와 주 드모인에서 열린 민주당 경선 지지자 모임에서 연설하고 있는
버니 샌더스. 뒤에 "믿을 수 있는 미래"라는 샌더스 지지자들의 캐치 프레이즈가 걸려 있다.

때문임을 반성하는 차원에서 제정된 글래스-스티걸 법의 골자가 사라짐으로써, 월가 대형 은행들은 또다시 대마불사의 날개를 달게 되었다. 양식 있는 학자들의 우려대로 금융제도 선진화법이 도입된 지 채 10년도 안 된 2008년에 금융 위기가 터졌다. 고위험 고수익을 추구하는 월가의 탐욕이 부른 참혹한 결과였다. 그러나 월가의 브레이크 없는 질주는 여태 멈추지 않고 있다.

금융화로 인해 금융기관 종사자와 다른 업종 종사자의 임금 격차가 벌어진 것은 어찌 보면 부차적인 문제다. 더 심각한 문제는 금융화가 미국 경제 전체를 구렁텅이로 몰아넣음으로써 중산층 붕괴를 초래하는 주요한 원인이 되었다는 것이다. 다시 한 번 말하지만 이것은 정부의 규제 철폐와 규제 완화라는 기업 친화적 정책이 가져온 참혹한 결과다.

그렇다면 우리나라는 어떠한가? 우리나라는 금융화가 진행되고 있는가? 답부터 말하자면 안타깝게도 '그렇다'이다. 이른바 선진 금융 체계를 우리나라에도 도입하자는 취지로, 미국 규제 완화의 '끝판왕' 격인 금융기관 규제 철폐를 골자로 한 법을 시행한 것이다. 그런데 의아하게도 그 법은 노무현 정부에서 비롯되었다. 바로 2003년부터 구상되어 2007년에 제정되고 2009년 시행에 들어간 이른바 '자본시장 통합법'이다. 이 법으로 우리나라의 금융 및 투자회사도 대형화와 겸업이 가능해졌다. 가령 일반 상업은행

— 부자는 어떻게 가난을 만드는가

이 겸업의 일환으로 보험 상품과 펀드 상품을 판매할 수 있게 되었고, 우리나라에서도 골드먼삭스나 모건스탠리 같은 대형 투자은행의 출현이 가능해진 것이다. 실제로 최근 금융위원회는 '한국판 골드먼삭스'와 같은 초대형 투자은행을 세우겠다는 종합금융투자사업자 육성 방안을 발표하기도 했다.

그럼에도 불구하고 천만다행인 것은, 아직까지 우리나라의 금융기관은 전 나라의 운명을 좌지우지할 정도로 덩치가 커지지는 않았다는 것이다. 다시 말해 금융화가 미국만큼 진행되지는 않았다. 그러나 여전히 긴장의 끈을 놓을 수는 없다. 두 가지 이유에서 그렇다.

하나는 월가의 현재 형국을 선진 금융 체계로 오인하고 그것을 맹목적으로 추종하고자 하는 정치인과 관료, 학자, 기업인 들이 있기 때문이다. 그들은 우리나라에도 골드먼삭스 같은 초대형 투자은행이 등장하면 우리에게 장밋빛 미래를 선사해줄 것임을 믿어 의심치 않고 있다. 다시 말해 그들은 금융화의 증대가 나라를 패망으로 이끄는 길임을 미국을 보면서도 깨닫지 못하고 있는 것이다. 비록 국책 은행이지만 한국산업은행과 한국수출입은행의 최근 행보에서 우리는 월가 은행의 불길한 그림자를 벌써부터 보고 있지 않은가.

또 다른 이유는 전지구화에 있다. 우리나라의 금융기관이 대한

민국의 운명 자체를 흔들어댈 가능성은 아직 매우 낮음에도 불구하고, 자본이 국경을 넘어 자유로이 드나드는 전지구화된 상황에서 미국을 농단하는 대형 금융기관의 마수가 우리나라에도 뻗어 있기 때문이다. 우리가 아무리 잘해도 우리의 운명이 그들의 손아귀에서 벗어날 수 없다는 말이다. 이는 참으로 슬픈 일이다. 확실히 전지구화는 일국의 주권을 한순간에 무력화시킬 수 있는 문자 그대로 물귀신이다. 그런 물귀신을 우리나라에 자유롭게 출몰하게 만들었다는 것이 통탄스러울 뿐이다. 이것은 곧 우리나라 중산층의 운명을 다른 나라에 맡긴 셈이기도 하다.

ㅡ 부자는 어떻게 가난을 만드는가

불공정한 조세법, 부자 감세

미국 중산층 붕괴의 주범으로 간주되는 또 다른 요소가 있다. 바로 허점투성이의 미국 현행 조세법이다. 그것은 친기업적 규제 완화 정책의 일환으로 소득과 부의 양극화를 심화시키고 중산층 붕괴를 이끄는 핵심적인 사안으로 주목받고 있다. 대기업 CEO들이 천문학적 연봉을 가져가는 것을 막기는커녕 방조하고 나아가 그들에게 세금 공제까지 해주기 때문이다. 어떻게 이 지경이 됐는지 살펴보도록 하자.

문제의 시발점은 1993년으로 거슬러 올라간다. 당시 미국은 대기업 CEO들의 보수에 상한을 두기 위해 CEO 연봉 상한제법 (section162(m))을 도입했는데, 이 법이야말로 '눈 가리고 아웅'의 전형적인 예다. 겉으로 보면 누가 봐도 말 그대로 CEO의 연봉에 제한을 두는 법 같았는데 무엇이 문제였을까?

이 법은 CEO의 연봉이 100만 달러(약 12억 원)가 넘는 것을 과도하다고 보고, CEO가 이 이상의 보수를 받을 경우 정부가 그 기업에 세금 공제(CEO를 포함한 근로자들의 인건비에 대한 세금 공제)를 제공하지 않는다는 것을 골자로 한다. 문제는 이 법이 원래의 취지에서 벗어나 악용된다는 데 있다. 왜냐하면 이 법으로 인해 오히려 CEO와 일반 근로자의 임금 격차가 갈수록 더 벌어지고 있기 때문이다. 그 이유는 무엇일까?

바로 이 법이 통상적인 보수에는 100만 달러라는 세금 공제 상한선을 두지만 스톡옵션(주식 매수 선택권), 스톡그랜트(성과 연동 주식) 같은 이른바 성과급에 대해서는 상한선을 두지 않기 때문이다. 법의 취지에 맞는 실효성이 있으려면 성과급이 포함된 연봉 전체에 상한선을 두어야 하나 그렇지 않기에 CEO들이 법의 그물망을 피해 고액 연봉을 챙겨 가는 실정이니 '눈 가리고 아웅'이 아니고 무엇이란 말인가. 머리 좋은 국회의원들이 이런 허점을 몰랐을까? 그렇지 않다. 의회는 이 법으로 CEO들을 옥죌 수 있다고 한껏 생색을 내지만 결과는 CEO들의 배를 두둑이 채워주고 있다. 뒤에서 기업의 로비를 받는 정치인들은 이런 식으로 앞에서도 생색낼 수 있는 자신의 이득을 챙긴다.

— 부자는 어떻게 가난을 만드는가

이런 터무니없는 법으로 손해를 보는 이는 누구일까? 바로 돈 없고 '백(back)' 없는 국민이다. 그들은 하늘 높은 줄 모르고 나날이 치솟는 천문학적 액수의 보수를 챙기는 CEO와 한 회사에 있으면서 경제적 심리적 소외감에 시달리고 있다. 게다가 CEO와 회사가 부담해야 할 세금을 대신 떠안는 이중고도 겪는다.

한마디로 기업들은 로비를 통해서 그들이 의도한 부조리한 법을 만들어 그들이 내야 할 세금을 CEO에게 주는 동시에 같은 몫을 국민에게 부담시키는 데 성공한 셈이다. 결국 현행 세법이 시행되는 한 CEO에게 지급되는 보수가 천정부지로 솟는 것을 막을 길은 요원하다. 의도적으로 만들어진 법의 빈틈은 첫째로는 CEO와 일반 근로자 사이의 소득 격차를 더 벌렸으며, 둘째로는 CEO와 기업이 국가에 내야 할 세금을 중산층이 떠안게 하는 효과를 낳았다. 그만큼 불평등이 심화된 것이다.

격주 발간되는 경제지 〈포브스(Forbes)〉가 진보적인 싱크탱크인 정책연구소(IPS : Institute for Policy Studies)의 조사 결과를 인용한 2012년 보도에 따르면 "보잉, 시티그룹 등 미국의 26개 대기업이 자사 CEO에게 평균 2040만 달러의 연봉을 지급했으나 연방 정부에는 한 푼의 세금도 내지 않았으며, 이들 회사는 전년도 대비 10억 달러 이상의 순수익을 올렸다." 또한 "이들 중 5개 회사는 세법상의 허점을 이용해 CEO 성과급에 대해 무려 2억 3200만 달러의

© Noel, Y. C. / Flickr

───── "경기 침체? 웃기지 마라, 이건 강도질이다! 월가의 탐욕이 우리 인생 자체를 담보로 하고 있다"는 피켓을 들고 시위하는 시민.

세금 공제를 받았다."

 이도 모자라 세금을 환급까지 받은 그야말로 양심 불량 기업도 부지기수다. 2011년에 보잉은 총 6억 500만 달러의 세금을 환급받았고 CEO 제임스 맥너니(James McNerney)는 1840만 달러의 보수를 자신의 호주머니에 챙겼다. 같은 해 제약회사 애벗래버러토리스는 5억 8600만 달러의 세금을 환급받았으며 마일스 화이트(Miles White) CEO는 1900만 달러의 보수를 가져갔다. 그리고 시티그룹은 1억 4400만 달러의 세금을 환급받았고 비크람 판디트(Vikram Pandit) CEO에게 1490만 달러의 돈을 안겨주었다. 이렇듯 대기업이 공제받거나 환급받은 거액의 돈으로 하는 일이란 고작 CEO에게 천문학적 보수를 챙겨주는 것이다. 그러는 동안 미국 국민이 대신 짊어져야 할 조세 부담은 갈수록 커지는 것이다. 물론 중산층의 소득과 이들 CEO가 속한 상위 1%의 소득 격차는 점점 더 벌어지고 있다.

 이러니 불합리한 조세법에 대한 볼멘 목소리가 나올 수밖에 없다. 미국의 시민 단체들은 수년간 법 개정을 촉구하는 중이다. 시민 단체들이 내세우는 대안은 조세 평등법(Income Equity Act)이다. 이 법안은 현행 CEO 연봉 상한제법을 손질한 것으로, 골자는 한 회사의 최저임금보다 25배가 넘는 보수에 대해 세금 공제를 금함으로써 CEO의 통상 보수뿐 아니라 성과급에도 공제 상한선을 두는 것이다. 시민 단체들은 2007년부터 줄기차게 이 법안의 입법을 추진하고 있지만 여태 국회에 상정조차 되지 못하고 있어 현재는 공허한 메아리에 그칠 뿐이다. 전문가들은 조세 평등법이 시행될 경우 미국 365개 기업체에서 각각 CEO 두 명씩에게 제공하던 세금 공제가 불발로 끝나 무려 5억 1400만 달러의 세수가 더 확보될 것으로 내다보고 있다.

미국 조세법의 불공정성은 여기서 그치지 않는다. '끝판왕'은 바로 부자 감세다. 현재 미국의 소득 구간별 세율을 살펴보면 문제점이 드러나는데, 반복해 말하지만 미국의 소득과 부의 불평등은 단지 1:99의 문제가 아니다. 1% 내에도 극심한 빈부 격차가 존재하기 때문이다. 그래서 상위 1% 내에서도 소득별 세율 차이가 적지 않다.

2009년 현재 연 50만~100만 달러 소득 구간에는 24%, 100만~1000만 달러 구간에는 26%의 세율이 적용되고 있다. 그런데 연 1000만 달러 이상을 버는 사람들에겐 오히려 이보다 낮은 세율인 23.3%가 부과되고 있다. 그런데 이건 약과다. 2008년 기준으로 소득이 가장 많은 맨 꼭대기 400명(연평균 소득 2억 7000만 달러)에게는 고작 18.1%의 세율이 매겨졌기 때문이다. 이 세율은 연 9만 달러 이하의 소득을 올린 근로자가 적용받은 세율보다 훨씬 낮은 것이었다.

— 부자는 어떻게 가난을 만드는가

결국 미국 정부는 이른바 '낙수 효과', 즉 잘사는 사람의 소비를 이끌어 경제를 활성화하면 그 혜택을 서민이 본다는 미명 아래 조세 공평성을 무너뜨린 것이다. 정부는 여전히 낙수 효과를 거론하며 부자에게 세금을 많이 물리기를 주저하고 있다. 그러나 이런 논리와는 상반되게 낙수 효과는 없었고, 극소수 상위 계층의 배만 잔뜩 불린 꼴이 돼버렸다. 이렇게 불합리한 조세법이 정해진 이유는 역시나 상위 소득 계층이 자신들의 기득권을 더욱 공고화하기 위해 자신들에게 유리한 법을 만들도록 의회를 조정했기 때문이다.

그 결과로 미국에서 중산층이 전체 세수의 주 원천이 되는 기현상이 일어났다. 미국의 상위 1%는 미국 전체 소득의 20%를 차지하지만, 그들이 내는 세금의 총합은 중산층 근로자들이 내는 세금의 총합보다 적다. 소득이 연 7만 5000달러 미만인 가구가 낸 소득세 총액이 연 100만 달러 이상의 소득을 버는 가구의 그것보다 더 많은 것이다.

부자들이 보는 세제 혜택이 여기에서 그친다면 그나마 다행이겠지만, 이들은 재산세와 법인세를 피하려고 거주지나 법인의 본점 소재지를 조세 천국으로 알려진 해외나 세율이 가장 낮게 적용되는 주로 옮기는 짓도 서슴없이 자행하고 있다. 페이퍼 컴퍼니를 동원해서 말이다. 그런데도 정부는 허풍만 잔뜩 늘어놓을 뿐 속수무책이다. 정부가 기업과 부자 들을 겁박하는 제스처를 취해도 그들은 정부의 조사에 성실하게 응하지 않으며, 정부는 그에 대해 강경한 태도를 보이지 않는다. 다 짜고 치는 고스톱이기 때문이다.

결국 부자 감세와 불합리한 조세법으로 인해 중산층이 짊어져야 할 조세 부담은 더욱더 가중될 수밖에 없다. 가브리엘 주크먼은 미국 소득 상위 0.1%가 미국 전체에서 차지하는 부의 점유율은 그들의 조세 회피 액수까지 포함하면, 과거 자신이 제시했던 21.5%보다 높은 23.5%가 될 것이라고 분석했다. 또한 미국 경제학자 조지프 스티글리츠(Joseph Stiglitz)는 "우리는 늘 상위 1%의 눈속임을 의심해왔었다"며 "지금이 우리의 시스템 자체가 야로와 불공평으로 점철되어 있다는 생각이 점증하는 시점"이라고 개탄했다.

서민들은 상상하기도 힘든 보수를 받고 있는 소득 상위 부류에게 낙수 효과를 명목으로 감세해주고 각종 법망을 교묘하게 빠져나가는 조세 회피도 수수방관하면서, 중산층에게는 악착같이 고율의 세금을 징수하는 미국 정부야말로 바로 미국 중산층 붕괴와 불평등 심화의 주범이다.

우리나라도 상황은 비슷하다. 증세 없는 복지는 분명 허구이니 법인세를 올려 복지 비용을 충당하자는 주장이 나와도 정부는 꿈쩍하지 않는다. 그러는 사이 '있는 자'들은 해외에 페이퍼 컴퍼니를 만들어 세금을 회피하고 있다. 파나마에 페이퍼 컴퍼니를 만들

― 부자는 어떻게 가난을 만드는가

어 조세 회피를 한 정황이 포착된 노태우 전 대통령의 아들 노재헌이 대표적이다. 또 요즘 세간에 화제가 되고 있는 김정주 넥슨 회장과 진경준 전 검사장도 알량한 권력을 이용해서 각종 편법으로 세금을 내지 않은 인물들이다.

한국 정부도 세금은 '유리 지갑'인 봉급 근로자들에게서만 집요하게 걷어 가고 있다. 그런 정부이니 국민은 누가 복지의 '복' 자만 꺼내도 알레르기 반응을 보이는 것이다. 공정한 징세가 아쉬운 것은 미국이나 한국이나 다를 바 없다.

노조 분쇄가 가져온 비극, 중산층 붕괴

이제 종착지에 거의 다 왔다. 마지막으로 미국 중산층 몰락에 큰 몫을 담당하고 있는 한 가지 요인만 더 지적하고 긴 여정을 마쳐야겠다. 그것은 버클리 캘리포니아 대학의 이매뉴엘 사에즈 교수가 지적하듯, 과거에 강성했던 노동조합의 왜소화(무력화)다.

왜 노동조합 왜소화가 중산층 몰락과 관계가 있을까. 우리는 흔히 노조를 노동자들의 권익 보호에 긍정적인 영향을 미치는 조직이라고만 생각한다. 그러나 노조라는 변수는 그 이상의 효과를 미친다. 바로 사회이동에 미치는 효과다. (사회학에서 계층 간 이동을 의미하는 사회이동이라는 말은 경제학에서는 '경제적 이동(economic mobility)'이라고 불리기에 이 장에서는 이 두 용어를 번갈아 쓰겠다.) 경제적 이동과 노조의 상관관계를 지속적으로 연구해온 학자들에 의하면, 부모 세대의 노조 가입률은 자녀 세대의 미래 소득과 정비례 관계에 있다. 한마디로 요약하면, 노조 활성화는 현재의 노동자 세대뿐 아니라 후대에도 커다란 영향을 미친다는 것이다.

나는 이제껏 미국 중산층이 몰락하면서 그들이 꾸던 자수성가의 꿈이 물거품이 돼버린 과정을 찬찬히 짚었다. 다른 말로 하면, 미국은 더 이상 세대 내 사회이동은 물론 세대 간 사회이동도 불가능한 사회로 빠르게 변모하고 있다는 것이다. 이런 사회이동 교착화와 노조 왜소화 사이에는 강한 상관관계가 존재한다.

경제적 이동과 노조의 긴밀한 관계에 대해 좀 더 살펴보기로 하자. 스탠퍼드 대학의 라즈 체티(Raj Chetty), 하버드 대학의 너새니얼 헨드런(Nathaniel Hendren), 그리고 버클리 캘리포니아 대학의 팻 클라인(Pat Kline)과 사에즈 교수는 경제적 이동의 조사 방법을 연구한 선구자들이다. 이들은 빈곤층 자녀들이 커서 중산층에 편입하는 데 영향을 주는 다섯 가지 요인을 규명해냈다. 거주 지역의 편모 비율, 불평등 정도, 고등학교 중퇴율, 격리 정도(흑백 간 혹은 빈부 간 격리), 마지막으로 사회적 자본의 양이다. 그동안에는 이다섯 가지 요인 가운데 편모 비율이 경제적 이동의 가장 강력한 요인으로 간주되었다. 그런데 최근에 경제적 이동과 매우 강력한 상관관계가 있는 다른 요인이 추가로 확인됐다. 바로 노조 가입률

© Fibonacci Blue / Flickr

───── 2011년 3월 미네소타 주 미니애폴리스의 노동조합 집회에서 한 노동자가 "뭉치면 협상, 흩어지면 구걸", "노조를 위해 싸우다 많은 이가 피를 흘렸다"라는 내용의 피켓을 들고 있다.

─ 부자는 어떻게 가난을 만드는가

이다.

이 연구자들과 토론했던 서머스 전 재무부 장관도 "노조 가입률과 경제적 이동 간의 관계는 실로 놀랍다"라며 "이것은 미국에서의 노조 쇠퇴가 왜 우려스러운지를 보여주는 근거가 된다"고 논평했다. 물론 그의 이런 논평은 연구자들의 학문적 발견을 높이 사는 것이지, 중산층과 노조 약화에 대한 진심 어린 동정이나 우려는 담고 있지 않다는 것은 이제 독자들도 쉽게 짐작할 것이다.

어쨌든 이 연구자들은 노조 가입률과 경제적 상향 이동 사이의 밀접한 관계에 대한 다양한 이유를 제시했다. 그중에서도 가장 흥미로운 것은 노조가 최저임금 인상은 물론 정부가 공립학교 지원을 늘리고 기타 복지 프로그램을 시행하도록 압박하는 효과를 가져오기 때문이라는 설명이다. 즉 노조가 노동자들의 광범위한 권익 신장에 기여함으로써 경제적 이동을 가져온다는 것이다. 이것은 미국 3개 대도시인 샌프란시스코와 시애틀, 뉴욕에서의 노조 효과로 충분히 입증된다. 뉴욕의 경우 맥도날드 같은 패스트푸드점 근로자들만 노조에 가입했지만, 어쨌든 이들 도시가 최저임금 인상을 법적으로 시행하도록 압력을 가한 것은 바로 노조였다.

그렇다면 노조 가입률은 구체적으로 어떻게 경제적 상향 이동과의 관계를 보일까? 연구자들은 부모 소득이 하위 25%였던 청소년이 성년(29~32세)이 된 후의 기대 소득이 거주 지역 노조 가입률에 따라 차이가 난다는 것을 발견했다. 거주 지역 노조 가입률이 10% 포인트 높아지면, 자녀가 성년이 된 후 평균소득 분포도 1.3% 포인트 높아졌다. 보다 중요한 사실은, 부모 소득과 상관없이 거주 지역 노조 가입률이 10% 포인트 오르면 그 자식들이 성년이 됐을 때의 기대 소득도 3~4.5% 오른다는 것이다.

또 다른 흥미 있는 발견은, 노조 가입률과 경제적 상향 이동 사이의 밀접한 관련성은 저학력 육체노동자를 아버지로 둔 청소년들에게서 유독 두드러지게 나타난다는 것이다. 학력이 대졸 이상인 사무직 근로자 아버지의 노조 가입 여부는 자녀가 성년이 되었을 때의 기대 소득에 별 영향을 끼치지 않지만, 대학 교육을 받지 않은 아버지나 육체노동을 하는 아버지가 노조에 가입한 경우 자녀의 미래 기대 소득은 각각 27.5%, 21.3% 상향되는 것으로 조사되었다. 즉 저학력 육체노동자에 속한 아버지의 노조 가입 여부가 자녀의 경제적 상향 이동과 깊은 관련성을 보인 것이다. 결론적으로 말하면 못 배우고 특별한 기술이 없는 육체노동자의 경우 자녀가 자신보다 더 나은 형편이 되기를 원한다면 노조에 가입하는 것이 답이라는 이야기다.

그러나 주지하다시피 지금 미국은 중산층이 상향 이동은커녕 자신이 지켜온 자리에도 머물지 못하고 대거 빈곤층으로 전락하고 있는 상황이다. 이는 그만큼 미국에서 노조가 왜소화되고 있다

— 부자는 어떻게 가난을 만드는가

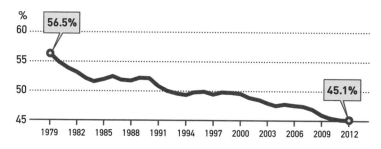

| 미국 중산층의 축소율 |

미국 중간소득의 50%에 속하는 25~64세 중산층 가구의 비율 변동 추이

출처 : 프리먼(Freeman), 한(Han), 메들랜드(Madland), 그리고 듀크(Duke)의 연구(2015)

| 미국 임금노동자 노조 가입률 |

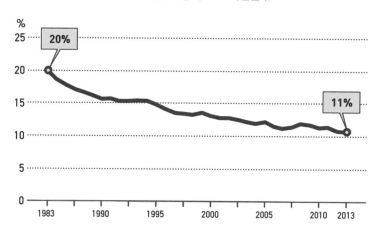

출처 : 퓨리서치센터(PewResearch)/미노동통계국(BLS)

는 것을 방증한다. 미국 중산층 쇠락과 노조 가입률 하락을 보여주는 앞의 두 그래프를 보면, 그 둘이 얼마나 비슷한 동선을 보여주는지를 확인할 수 있다. 1979~2012년 사이 미국 중산층 비율은 56.5%에서 45.1%로 11.4% 포인트 쪼그라들었고, 1983~2013년 사이 미국 노동자의 노조 가입률도 20%에서 11%로 9% 포인트 하락했다.

이 두 그래프는 정말 놀랍게도 비슷한 패턴을 보여주고 있다. 그런데 이보다 더 흥미로운 그래프가 있다. 뒤에 나오는 장기간에 걸친 미국 노조 가입률 변동 추이다. 이 그래프를 보면 몇 가지 특징이 보인다.

첫째, 1920년대 말 대공황 직후 시기와 2012년 현재의 노조 가입률이 엇비슷하다.

둘째, 10%대에 머물던 노조 가입률이 1935년부터 급상승하기 시작하는데, 이는 바로 그해에 노동관계법(National Labor Relations Act)이 제정되었기 때문이다. 뉴딜 정책의 일환으로 제정된 이 법은 최저임금 보장, 최장 노동시간 규제, 노동자 단결권과 단체교섭권 보장, 부당 노동 행위 금지 등을 골자로 한다. 노동자의 권익 보호를 위한 정부의 관련 법규 제정이 노조 가입률에 얼마나 지대한 영향을 미치는지를 단적으로 보여준다.

셋째, 노조 가입률은 1945년 35.5%로 정점에 이른 이래로 1960

— 부자는 어떻게 가난을 만드는가

| 1930~2012년 미국 노조 가입률 변동 추이 |

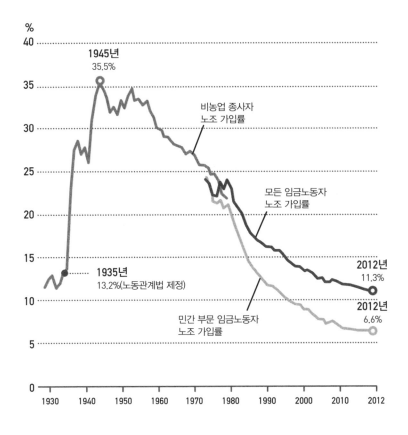

%
40

1945년
35.5%

35

비농업 종사자
노조 가입률

30

25

모든 임금노동자
노조 가입률

20

15

1935년
13.2%(노동관계법 제정)

2012년
11.3%

10

민간 부문 임금노동자
노조 가입률

2012년
6.6%

5

0

1930 1940 1950 1960 1970 1980 1990 2000 2010 2012

출처 : 해리티지 재단/미 노동부

년까지 30%를 웃돌 정도로 높았다. 이 시절은 미국 중산층이 세계에서 선두를 달리던 때이자 아메리칸 드림이 맹성하던 시기였다.

넷째, 1960년대 이후 노조 가입률은 하강 국면을 타기 시작해서 전혀 역전의 기미 없이 날개 없는 추락을 이어나간다. 특히 1970년대에 들어서면 하강 국면에 가속이 붙기 시작하고 1980년대부터는 하강의 기울기가 거의 절벽에 가까울 정도로 급강하한다. 그 주된 이유는 13장에서 살펴보았듯이 1960년대까지는 비교적 점잖은 행보를 유지하던 정치권에 대한 대기업 로비가 1970년대 들어서면서 화력이 세졌기 때문이다. 정치권을 통한 대기업의 압박과 회유로 인해 근로자와 그들의 자발적 결사체인 노조는 직격탄을 맞았고, 그 결과 노조는 무력화되기 시작했다. 급기야 1980년대 들어서는 정치권이 로비에 중독되기에 이르렀고, 대기업은 그런 정치권은 물론 노동자와 국민의 숨통을 쥐락펴락하는 갑의 횡포를 부리게 되었다.

여기에 한 가지 더 덧붙인다면, 전후 번영기 동안 어느 정도 배를 불린 노동자들이 긴장의 끈을 놓고 개인주의적 안일함에 빠져 있었던 것도 노조 약화에 일조한 것으로 보인다. 이런 개인주의적 행태로 인해 노동자들은 친기업적 정책 수립과 입법으로 노조를 분쇄하려는 대기업 압박에 변변한 저항 한번 제대로 하지 못하고 속수무책으로 당하고 말았던 것이다.

다섯째, 그 이후에도 노조 가입률 하락은 계속되었고 특히 2008년 금융 위기 이후에는 10% 초반대로 줄어들었다. 높은 실업률로 인해 노조 가입 자체가 불가능했던 것이 주된 이유였을 것이다.

여섯째, 금융 위기 이후 특히 민간 부문 노조 가입률은 6~7%까지 떨어져 타격이 가장 심했다. 공공 부문 노조 가입률은 사정이 조금 나은 편이지만 그 역시 같은 시기 비상등이 켜졌다. 주지하다시피 현재 각 주 정부를 비롯한 지자체는 긴축재정에 돌입했고, 그 결과 공공 부문 예산 삭감은 이 부문의 노조를 극도로 자극하고 있다. 현재 미국은 공공 부문에서의 단체교섭권을 둘러싼 전쟁이 벌어지고 있다. 이는 이들 부문 임금노동자들이 현재 빈곤층으로 전락하느냐 마느냐의 기로에 서 있음을 말해준다. 결국 이들이 기댈 곳은 노조밖에 없음에도 불구하고, 각 공공 부문에서 노조 혁파를 위한 온갖 방법이 강구되고 있는 실정이다.

마지막으로 짚고 넘어갈 것은 노조 가입률과 계층 이동 사이에 직접적인 인과관계는 없다는 점이다. 즉 노조에 가입한다고 바로 높은 계층으로 이동하는 것은 아니라는 말이다. 다만 위의 연구자들이 강조한 것은, 노조가 번창하는 곳에서 사회이동 작동도 잘된다는 사실이다.

그렇다면 우리는 여기서 어떤 힌트를 얻어야 할 것인가. 개천에서 용이 나는 사회, 즉 사회이동이 잘 일어나는 사회가 되기 위해서는 노동자들의 노조 가입률을 높여야 하고, 노조를 약화시키는 모든 일을 멈추어야만 한다. 그런데 우리나라는 지금 거꾸로 가고 있어 매우 우려된다. 박근혜 정부는 모든 경기 불황의 책임을 노조와 노동자 탓으로 돌리고 자신들의 잘못에 대해서는 반성할 줄을 모른다. 한국 경제의 저성장, 금융 개혁, 국가 경쟁력, 청년 실업 등 모든 난제가 바로 노조와 노동 문제 때문이라며 맹비난만 하고 있는 것이다. 급기야 이제는 저성과자 해고 지침까지 만들어 강행하고 있다. 이는 모두 '쉬운 해고'의 급물살을 타기 위한 전략이다. 정부의 경제 살리기 대원칙은 노동 유연화와 노조 궤멸인 것 같다.

그런데 이런 노조 약화를 통한 노동시장 유연화 정책은 박근혜 정부의 전유물이 아니라 과거 김대중·노무현 정부 때부터 시작되었음을 인식할 필요가 있다. 김대중 정부는 정리 해고제와 근로자 파견제를, 노무현 정부는 변형 근로제를 도입했다. 모두 노동시장 유연화와 관련 있는 것들이다. 아마도 세계사의 도도한 흐름 속에서 '왕따'가 되고 싶지 않아 벌인 일 같다. 하지만 아무리 좋은 의도로 벌인 일이라 해도 그 결과가 중산층 붕괴라면 참회해야 하지 않을까? 이 정책들은 이명박·박근혜 정부에서 급물살을 타 결국 '쉬운 해고'까지 거론되는 지경에 이르렀다. 당장 이런 시도를 멈추지 않는다면 우리 세대의 중산층 붕괴에 그치지 않고 후대의 경제까지 파탄으로 몰아갈 수 있다.

한 가지 에피소드로 결론을 내려 한다. 2014년 국내 한 대형 출판사에서 직원에 대한 급작스러운 구두 해고로 소동이 난 적이 있었다. 내가 연구년으로 미국에 체류할 때였는데, 동종 업종에서 편집자로 일하고 있던 제자 한 명과 문자 대화를 나누다가 이 사건이 주제가 되었다. 그 친구는 내게 이렇게 말했다. "선생님, 미국에서라면 안 그랬을 텐데요, 한국은 이렇게 해요." 그때 나는 말문이 막혔다. '아, 미국에 대한 심각한 오해가 이리도 팽배해 있구나.' 한국인 대부분은 미국이 직업 안정성(job security)이 매우 높은 나라라고 알고 있다. 그런데 구조조정, 정리 해고 등의 말이 어디서부터 나왔을까? 바로 IMF 외환 위기 때 미국을 포함한 외국 기업들이 기업사냥을 하면서 내놓았던 조건들이다. 미국 기업은 자국민에게도 동일한 조치를 적용하기에 이제 미국에서 몇몇 전문직 종사자를 빼고는 평생고용이나 직업 안정성을 누리는 근로자는 찾아보기 힘들다. 다시 말해 그런 반노동자적 조치들은 대개가 미국에서 들여온 것들이다.

그렇다면 미국은 어쩌다 저렇게 된 것인가. 그 주된 이유는 우선 노조의 왜소화와 무력화에서 찾아야 한다. 그리고 그것을 통해 성취된 노동 유연성. 그렇다면 이 와중에 최종 승자는 누구일까? 바로 대기업 임원진과 그들이 고용한 로비스트들, 그리고 그들과 야

합한 정치권이다. 결국 그들이 노조를 분쇄했다. 그러는 사이 노동자들은 조직적으로 저항하지 않고 개인주의에 빠져 맥 놓고 그런 반노동적 움직임을 묵인한 셈이다.

그 결과는 무엇인가. 대기업 CEO들이 기업의 체력 강화 필요성을 역설하면서 무자비한 구조조정을 단행해 대량 해고가 이어졌다. 그리하여 수많은 근로자는 실업자가 되었지만, CEO들은 엄청난 이익을 챙겼다. 신용 평가 기관으로부터 구조조정을 단행해 수익성이 증대될 것이라는 긍정적인 평가를 받으면 해당 기업 주가가 올라 CEO들은 막대한 성공 보수를 연봉 및 상여금 형태로 챙기기 때문이다. 절세와 절묘한 조세 회피로 얻은 이익도 고스란히 CEO들 몫이다. 구조조정 시행이 곧 CEO들의 재산 증식 방편이 되는 이 기막힌 현실을 어리숙한 보통 사람들이 감히 생각이나 할 수 있을까. 가령 1996년 정리 해고를 통해 구조조정을 한 미국 30개 대기업 CEO들의 평균 총보수는 구조조정 전보다 무려 67.3% 상승했다. 이것은 나머지 365개 미국 기업 CEO들의 총보수 평균 증가율 54%를 훌쩍 앞지른 것이다. 2008년 금융 위기 이후 대대적 정리 해고를 단행한 50개 대기업 CEO들의 보수(평균 1200만 달러)는 다른 S&P 500개 기업체 CEO들의 보수(평균 840만 달러)보다 42% 더 높은 것으로 조사됐다.

금융 위기가 불거진 후 노동자 대부분이 처절한 생존 싸움을 해

— 부자는 어떻게 가난을 만드는가

나갈 때 대기업 CEO들은 승승장구했고 그럼으로써 소득과 부의 양극화는 더욱 심화됐다. 자신의 배를 불리기 위해 어떤 이들은 필요하지도 않는 구조조정을 일부러 단행하기도 했다. 그런데 이런 악질적인 모습은 단지 미국만의 얘기가 아니다.

우리나라에도 구조조정으로 직원들을 대량 해고하면서도 자신의 고액 연봉은 꼬박꼬박 챙기는 CEO들이 있다. 2016년 7월 언론 보도에 따르면 총수의 부실 경영으로 구조조정이나 재무구조 개선이 진행 중인 한진해운, 한진중공업, 두산중공업, 두산건설, 현대상선의 전·현직 총수 일가 경영진 5명이 수령한 보수는 2016년 7월 기준 연평균 14억 8100만 원인 것으로 드러났다. 기업 총수의 경영 부실에 대한 참회와 반성 그리고 고통 분담하는 모습을 기대하는 것은 정녕 바보 같은 짓일까?

미국의 경우 모든 관계 법령은 기업과 CEO 들이 고용한 로비스트들의 요구대로 만들어졌다. 그리하여 규제 철폐라는 미명 아래 노조 왜소화 혹은 노조 와해라는 밥상이 차려진 것이다. 그렇다면 우리의 경우는 어떨까? 우리에겐 로비스트들이 없다. 그러면 누가 과연 노조를 무력화 혹은 왜소화시키기 위해 애쓰고 있는가? 바로 정부다. 우리나라에서는 미국 기업 로비스트들의 역할을 정부가 나서서 떠맡고 있는 것이다. 국민을 위한다는 정부가 왜 노동자와 노조를 무력하게 만들기 위해 그토록 애쓰며 공공의 적이

정리 해고 단행 기업 중 CEO 성공 보수 상위 10개 기업

회사	2009년 CEO	2009년 총 성공 보수(달러)	정리 해고자 수 (2008년 11월 ~2010년 4월)
셰링플라우	프레드 하산 (Fred Hassan)	49,653,063	16,000
존슨앤존슨	윌리엄 웰던 (William Weldon)	25,569,844	8,900
휴렛팩커드	마크 허드 (Mark Hurd)	24,201,448	6,400
월트디즈니	로버트 아이거 (Robert Iger)	21,578,471	3,400
IBM	새뮤얼 팔미사노 (Samuel Palmisano)	21,159,289	7,800
AT&T	랜들 스티븐슨 (Randall Stephenson)	20,244,312	12,300
월마트	마이클 듀크 (Michael Duke)	19,234,269	13,350
포드	앨런 멀럴리 (Alan Mulally)	17,916,654	4,700
유나이티드 테크놀로지스	루이스 체네버트 (Louis Chenevert)	17,897,666	13,290
베리즌	아이번 세이든버그 (Ivan Seidenberg)	17,485,796	21,308

출처 : 앤더슨 외(Anderson et al.)(2010)

— 부자는 어떻게 가난을 만드는가

되고 있는 것일까? 우리나라 대기업은 로비스트 말고 더 강력한 무엇으로 정부를 압박하고 있는 것일까? 정부가 생각하고 있는 국민은 도대체 누구인가? 아무리 생각해봐도 정부는 가만히 놔둬도 잘 먹고 잘사는 부자들을 국민이라고 여기는 것 같다. 그러나 정부가 진정으로 건사해야 할 자들은 바로 중산층 이하 서민들이다. 노조 왜소화와 중산층 붕괴에 시달리는 미국을 반면교사 삼아 우리나라가 부디 중산층을 살리는 길을 찾길 바란다.

chapter 27

샌더스의 꿈, 미국 중산층의 꿈

'사회주의'라면 귀부터 막고 눈부터 감던 미국에서 뚜렷한 변화의 조짐이 보이고 있다. 버니 샌더스 효과를 두고 하는 말이다. 자본주의의 첨병이라 할 수 있는 미국에서 공공연히 '사회주의자' 이름표를 달고 나온 샌더스가 바람몰이를 했으니 실로 격세지감이다. 물론 사회주의가 인기를 끈 것은 아직은 특정 범주에 국한된 현상인 듯 보인다. 민주당 대선 경선 초반 시행된 여론조사(로이터/입소스) 결과를 보더라도 다수 미국인에게 사회주의는 여전히 달갑지 않은 이념임이 분명하다.

그러나 변화의 징후가 뚜렷한 것 또한 확실하다. 특히 젊은 층에서 그 기세가 심상치 않다. 사회주의라는 말이 그들에겐 더 이상 금기어(dirty word)가 아니라는 조사도 나와 있다. 2015년 말 갤럽 조사에 따르면, 18~29세의 미국 청년 응답자 중 69%가 사회주의자 대통령이 백악관에 입성하는 것에 아무런 문제가 없다고 답했다. 이에 비해 65세 이상 노인들은 34%만 동일하게 답한 것을 보면 젊은 층의 변화 징후는 명백하다. 또한 지지하는 정당이 민주당인 유색 인종 중에는 '민주적 사회주의자' 후보를 대놓고 지지할 수 있다는 이들이 적지 않았다. 이런 현상은 시간이 갈수록 확산되어 특정 정파나 인종의 범주까지 뛰어넘었다. 2016년에 치러진 민주당 대선 후보 경선에서 나타난 샌더스 돌풍이 이를 말해준다.

사회주의에 대한 미국인들의 이러한 호의적인 전환은 1932년 노먼 토머스(Norman Thomas)가 사회당 대통령 후보로 대선에 뛰어들어 언론의 조명을 받은 이래 거의 90년 만의 일로 매우 이례적이다. 샌더스가 표방하는 '민주적 사회주의(democratic socialism)'를 미국인들이 거부감 없이 받아들인 데에는 몇 가지 특별한 배경이 있다.

첫째, 샌더스의 민주적 사회주의는 이른바 일당 독재, 폭력적 권위주의와 전체주의의 대명사 격인 북한이나 소련식 공산주의와는 거리가 멀다. 그렇다고 해서 요람에서부터 무덤까지 개인의 삶을 사회가 전적으로 책임지는 복지 강국 북유럽의 사회주의를 향하고 있는 것도 아니다. 샌더스의 민주적 사회주의는 평범한 민주주의 사회의 재건을 의미한다. 그는 2015년 10월에 "나에게 민주적 사회주의는 그저 단순한 민주주의일 뿐이다. 보통 시민의 자유를 옹호하며, 부자만이 아닌 모든 사람이 양질의 삶을 향유할 수 있는 국가와 세상을 만드는 바로 그 민주주의다"라고 말했는데, 이것이 보통 미국인들에게 큰 공감을 샀던 것이다.

혹자는 샌더스를 극좌의 이념을 가진 이로 몰기도 하는데, 이는 분명 편견에서 비롯된 오해다. 샌더스의 민주적 사회주의가 지향하는 것은 그저 민주주의 사회 건설이다. 현재 미국이 겉으로는 민주주의 사회를 표방하고 있지만 민주주의가 작동하지 않고 있기에 그것을 바로잡아야 한다는 것이 샌더스의 주장이다. 다시 말하지만 그가 건설하고자 하는 사회는 북유럽 사회나 북한 및 구소련 같은 사회가 아니다. 그가 주창하는 민주적 사회주의는 기회의 평등이 보장된, 미국의 건국이념에 제대로 부합하는 미국식 민주주의다.

따라서 샌더스의 민주적 사회주의를 미국에서 절대로 허용될 수 없는 극좌 이념으로 규정하는 것은 어불성설이다. 샌더스를 극좌의 공산주의자라고 믿고 있는 미국인들이 있다면 그들이 현재 탐욕적이고 타락한 정치권력과 금권, 그리고 그 하수인 노릇을 하고 있는 주류 미디어와 악덕 재변 학자들에 의해 자신들이 응당 누려

— 부자는 어떻게 가난을 만드는가

야 할 '권리'를 '특혜'라고 세뇌당하고 있지는 않은지 의심해봐야 한다. 또한 나날이 신분제 사회로 진입하고 있는 현재의 미국 사회를 당연하게 받아들인 탓은 아닌지도 의심해볼 필요가 있다. 물론 냉전 시대 공산주의 국가들이 자행했던 악독한 과거를 잊지 못하고 있는 노령층의 생각을 바꾸기란 쉽지 않은 일이겠지만.

샌더스를 거부감 없이 받아들인 두 번째 이유는 현재 미국의 자본주의가 제대로 작동하고 있지 않다는 위기의식의 고조와 이를 자초한 월가를 비롯한 대기업, 그들을 방조한 정치권에 대한 혐오 때문이다. 작금의 미국 자본주의는 철저히 병들었고 곪을 대로 곪아 터졌다. 요즘 미국 자본주의에서 말하는 이윤 추구와 경쟁은 정치권에 풀린 더럽고 치사한 돈이 개입된 부당한 게임이다. 이렇게 정치와 거대 기업(특히 금융 기업)이 밀착되면 그 피해는 고스란히 서민에게 전가된다. 대형 금융기관과 대기업이라는 거대 자본의 탐욕스러운 농단에 경제 위기가 오고 서민들은 그 여파로 궁핍한 생활을 하게 되지만, 망해야 할 기업은 정부가 뒷배를 봐줘 되레 승승장구한다. 물론 국민의 혈세로 말이다. 이러니 여론이 악화되지 않겠는가. 국민들로서는 대기업도 밉고, 그것을 위기 때마다 살려주는 정치인들도 미운 것이다. 이러한 반기업 정서와 기성 정치권 혐오가 맞물려 미국에서 불과 1세기도 안 돼 사회주의란 말이 자연스럽게 회자될 정도가 된 것이다. 샌더스는 금권을 쥔

소수에 의해 헌법 질서가 철저히 훼손된 지금의 금권과두정치를 미국 건국이념에 기반한 1인 1표 민주주의로 돌려놓겠다는 의지를 가지고 있다. 그런 그를 극좌로 모는 극소수 기득권 세력과 그들의 선전에 부화뇌동하는 세태가 지금 미국이 비정상적으로 돌아가고 있음을 여실히 방증한다.

오로지 대기업(주로 월가의 은행들) 친화적인 정책으로 나라를 이끄는 것이 자본주의라면, 그래서 일반 서민은 집과 일자리를 잃고 불안감에 시달리며 갈수록 피폐해지는 것이 자본주의라면, '그런 자본주의 개나 주라!'는 심정이 팽배해지는 것은 당연지사다. 그것은 미국의 건국이념에 부합하는 자본주의가 결코 아니다. 그래서 그간 기피 대상 1호였던 사회주의를 표방하고 나선 이단자 샌더스에게 많은 미국인이 전폭적인 지지를 보낸 것이다. 그들은 샌더스의 사회주의가 그들이 원하는 평범하고 단순한 민주주의로의 회귀 혹은 정상화를 말하는 것임을 알아챘다.

샌더스가 내세운 공약은 크게 네 가지로 요약된다.

첫째, 월가 규제다. 샌더스는 더 이상 월가가 대마불사라는 소리를 못 듣게 하도록 철저히 규제하는 것, '야로로 점철된 경제(rigged economy)'를 청산하는 것을 자신의 공약으로 선포했다.

둘째, 시간당 최저임금 인상과 성별 동일 임금 채택이다.

셋째, 청년들을 옥죄는 등록금 부담을 없애기 위해 우선 국공립

— 부자는 어떻게 가난을 만드는가

대에 해당하는 미국의 모든 주립대학 등록금을 없앤다는 것이다. 그는 그 재원은 월가의 투기 행위에 세금을 물려 마련하겠다고 했다. 그는 미국민이 꼭 "필요한 교육(decent education)"을 받기 위해 몇 만 달러(수천만 원)씩 하는 등록금 부채 폭탄이라는 처벌을 받아서는 안 된다고 했다.

마지막으로, 전 국민 공공 의료보험(single-payer health insurance program) 실시다. 비싸기만 한 사보험에 기반한 오바마케어를 갈아엎고 교정하겠다는 것이다. 국가 장학금과 반값 등록금 정책이 불완전한 상태나마 시행되고 있으며 공공보험 형태의 국민건강보험을 누리고 있는 우리나라 입장에서 생각해보자. 샌더스의 이 같은 주장이 극좌라면 우리나라는 극좌의 나라일까?

자신을 민주적 사회주의자라고 규정한 샌더스의 꿈은 평범한 미국 중산층의 소박한 꿈과 동일하다. 여태껏 중산층의 소박한 꿈은 극소수 기득권층에 의해 극좌의 백일몽이라며 폄훼되고 철저히 무시되었다. 기득권자의 하수인이 된 크루그먼의 궤변을 상기해보라. 의당 품어야 할 꿈 자체가 불온한 것으로 훼손돼온 과정을 독자들은 이 책을 통해 알게 되었을 것이다. 우리처럼 병이 나면 언제든 부담 없이 병원에 갈 수 있는 공공 의료보험을 누리는 것은 결코 극좌의 백일몽이 아니다.

그러나 샌더스의 꿈, 미국 중산층의 소박한 꿈은 샌더스가 민주

당 경선에서 힐러리에게 고배를 마심으로써 물거품이 되어버렸
다. 그것은 이미 예견된 수순이었다. 비록 그가 당내 경선 초반 돌
풍을 일으켰다 해서 종국에 그가 민주당 대통령 후보가 되거나 대
통령이 될 것이라고는 나는 결코 생각하지 않았다. 왜냐하면 금권
을 쥔 소수에 의해 금권정치가 행해지는 미국에서 월가와 대기업
의 지원을 한 푼도 받지 않은 샌더스 같은 정치인이 대통령이 된
다는 것은 그야말로 낙타가 바늘구멍으로 들어가기보다 어렵기
때문이다.

금권정치로 혼탁해진 미국 정치판에서 반평생을 홀로 독야청청
국민의 눈높이에서 소박한 그들의 꿈을 실현하기 위해 노력했던
군계일학 샌더스를 지지해주는 정치인은 워런을 제외하고 아무도
없었고(물론 그녀도 샌더스가 더 이상 완주를 못할 지경에 이르자 억지 춘
향 격으로 힐러리를 지지했지만) 그를 지지해주는 미디어도 눈을 씻
고 찾아봐도 없었다. 아니, 지지가 뭔가. 월가와 부패한 정치인의
하수인이나 다름없는 미디어는 처음부터 고난도 방해 공작만 펼
쳤다. 비교적 진보 성향으로 알려진 〈뉴욕 타임스〉조차도 월가와
대기업이 보험용으로 심혈을 기울여 밀고 있는 힐러리를 일방적
으로 지지하지 않았는가.

거대 기업이 미디어를 소유하고 있거나 서로 밀월 관계가 있는
상황에서 그것은 당연한 현상이다. 그런 온갖 방해 공작에도 불구

— 부자는 어떻게 가난을 만드는가

하고 샌더스가 민주당 경선 초반에 확실한 두각을 나타낸 것은 실로 이변이었다. 그런 만큼 샌더스에 대한 공세는 대대적이었다.

샌더스를 나가떨어뜨린 후 금권 세력의 공격은 트럼프에게 향했다. 그러나 트럼프에 대한 공격은 그가 단순히 경쟁 상대 당 후보라서가 아니라는 것에 유념해야 한다. 금권 세력 입장에서 트럼프는 자신들처럼 많은 부를 향유하고는 있으나 아직은 자신들의 통제권 밖에 놓인 불확실한 인물이다. 그래서 맹공이 퍼부어졌던 것이다. 다시 말해 트럼프는 금권을 쥔 자들과 똑같은 탐욕의 부류에 속하지만 아직 그들과 한 배를 타지 않았기에 미운 오리 새끼 취급을 받았다. 금권을 쥔 자들에게 가장 확실한 카드는 뭐니 뭐니 해도 역시 힐러리다.

분명한 것은 결국 둘 중에 누가 대통령이 되든 미국 국민들의 꿈은 허망하게 스러질 것이라는 사실이다. 이것이 미국 국민들, 특히 중산층 이하 서민들 앞에 기다리고 있는 처량한 현실이다.

그러나 우리는 민주당 경선에서 샌더스가 보인 선전에 여전히 주목해야 한다. 그것은 샌더스 자신이 "정치적 혁명의 시작"이라고 했을 만큼 실로 놀랍고 대단한 일이었으며, 미국 대선 역사상 가장 의미 있고 중요한 역사적 사건이었다.

그 엄청난 안팎(민주당을 포함한 정치권, 월가를 포함한 대기업, 학계, 미디어 등)의 방해 공작에도 불구하고 샌더스가 선전을 펼칠 수 있

© JIM LO SCALZO / EPA

—— 시민단체 '민주주의의 봄'(Democracy Spring)이 2016년 4월 15일 국회의사당 앞에서
'1인 1표'라는 플래카드를 들고 '전(錢)의 선거' 종식을 외치며 시위하고 있다.

— 부자는 어떻게 가난을 만드는가

었던 것은 그만큼 미국 중산층과 서민이 현재 곤경의 막바지에 몰려 있기 때문이다. 그래서 샌더스의 선전은 미국 국민의 둔중한 분노의 표출로 해석될 수도 있다.

미국 중산층과 서민의 좌절과 분노가 과연 금권 세력과 그것에 놀아나 한없이 장단을 맞추고 있는 부패한 정치권, 그리고 그 하수인 노릇을 톡톡히 하고 있는 타락한 미디어를 뚫고 나가 국가 쇄신으로 이어질 수 있을지는 앞으로 두고 볼 일이다. 어쨌든 그런 일은 월가와 철저히 거리를 둔 샌더스 같은 정치인에 의해 방아쇠가 당겨질 수 있으며, 자신들이 처한 상황에 대한 무지로부터 새로운 각성이 국민들에게서 일어날 때만이 그나마 미국의 중산층에 실낱같은 희망이 보이게 될 것이다. 그 외에는 미국에는 희망이 없다.

미국 중산층 붕괴가
대한민국에 던지는 의미

월가 사람을 포함한 400~500명의 극소수에 의해 국가가 결딴나고 그 와중에 대다수 국민이 중산층에서 속절없이 밀려나고 있는 암울한 형국에도 몇몇 의인은 빛을 발한다. 샌더스, 라이시, 워런, 프리든 같은 사람들이다. 그들이 의인인 까닭은 바로 정의를 외치고 있기 때문이다.

2015년 현재 과거 2년간 고작 15명의 미국 부자들이 나머지 하위 1억 3000만 명의 국민들이 같은 기간 벌어들인 합계보다 더 많은 1700억 달러(약 204조 원)를 벌어들 것은, 아무리 자본주의 사회라 해도 결코 정상은 아니다. 그리고 정의롭다고도 볼 수 없다. 왜냐하면 현재 미국이 추구하고 있는 자본주의는 경쟁과 사유재산 자체가 허용될 여지를 아예 말살하고 있기 때문이다. 유일하게 허용되는 것이라곤 소수 15명 또는 400~500명의 경쟁과 사유재산밖에 없다고 해도 과언이 아니다. 나머지 미국 국민이 벌일 수 있는 경쟁과 향유할 수 있는 사유재산은 쥐뿔만큼도 보이지 않는다. 어찌 이것을 정의롭다 할 수 있으며, 정상적인 자본주의라 할 수 있겠는가? 미국에서 자본주의는 바로 이들 극소수 사람에 의해 철저히 파괴되었고 사유화되어버렸다. 결국 극소수만의 자본주의가 되어버린 것이다. 그래서 샌더스, 라이시, 워런, 프리든 같은 이가 이렇게 왜곡된 자본주의를 모든 이를 위한 본연의 자본주의로 돌려놓기를 강력히 요구하고 있는 것이다.

그러나 이 의인들의 요구를 공산주의 혁명 추구로 오해해서는 안 된다. 그들이 세우고자 하는 나라는 사유재산을 허용하지 않는, 즉 모든 것을 공산화한 전체주의적 사회주의 국가가 결코 아니다. 이들은 말한다. 개인의 재산을 서로 인정하는 자본주의가 사람의 본성에 비추어볼 때 옳은 것이라고. 그러면서 그들이 힘주어 강조하는 것이 있다. 바로 다른 이의 것을 교묘히 빼앗거나 무단으로 취하는 고삐 풀린 탐욕은 절대 허용해서는 안 된다는 것이다. 그러한 탐욕은 자본주의의 근간을 해치는 것이다. 그리고 그 가해자는 바로 월가, 정치권, 기업, 그리고 학계에 득실거리는 정상배와 모리배 들이다. 내가 언급한 시대의 양심들은 저렇게 사악한 무리를 싸잡아 자본주의 파괴자라고 규정짓고 그들에 대한 철저한 응징과 발본색원을 부르짖고 있는 것이다. 그러나 그들의 의

로운 목소리는 사악한 무리에 의해 악의적으로 왜곡, 폄훼, 무시, 그리고 사장되고 있다.

바로 그 걸신들린 소수의 탐욕에 의해 지금 미국 중산층이 무참하게 붕괴되고 있다. 그야말로 눈 뜨고도 코 베이는 무서운 세상이 되었다. 1%가, 아니 0.01%가 서민의 재산을 강탈하고 그것을 정부가 규제하기는커녕 오히려 수수방관하는 판 자체를 교정하지 않는 한 미국에는 어떠한 희망도 없다는 것이 나의 지론이며, 미국의 얼마 남지 않은 의인들의 목소리다. 그것이 소중한 시민의 사유재산 및 건전한 자본주의를 지키기 위한 유일한 방법이라는 간절한 호소다.

그러나 양심이라고는 털끝만큼도 없는 무자비한 대도(大盜) 즉 경제 정의를 파괴하고 나라를 어지럽히는 세력인 월가 은행들은 여전히 위풍당당하다. 서민들의 피와 땀을 도적질하고 그 돈으로 정치가들까지 자신들의 손아귀에 넣고 지록위마(指鹿爲馬)하는 이 극악무도한 무리를 종식시키지 않는 한, 미국 중산층을 살릴 방법은 없다.

빵 한 조각만 훔쳐도 철창 신세를 져야 하는 미국에서 미국 전체의 부를 강탈하다 못해 미래의 서민 소득까지 미리 차압해 탈탈 털어가고, 시민들이 내는 세금으로 자신들의 배를 영원히 불리는 봉이 김선달, 월가! 그런 월가 대형 은행들의 악행을 처벌해달라는 국민들의 원성은 그저 허공의 메아리가 되는 미국의 이 참담한 현실. 갈 곳 잃은 미국 중산층의 비빌 언덕은 그 어디에도 없다.

그러니 어떤 이들은 45대 대통령 선거에서 갑부인 트럼프를 지지했다. 이번 대선에서 트럼프에게 적극적인 지지를 보인 계층은 저학력 저소득층 백인이었다. 그들은 월가와 거리를 두며 그들의 빼앗긴 일자리를 찾아주겠다고 나선 트럼프가 기성 정치인과 다를 것이라는 환상을 품고 그를 지지했다. 다른 뾰족한 수가 없어 자신들과 출신 성분 자체가 다른 금수저에게 한 가닥 희망을 걸고 있는 것을 보면 참으로 딱하기 그지없다.

물론 월가와 거리를 두고 있다는 점에서는 단연코 트럼프가 힐러리보다 낫다. 실제로 미국 연방선거관리위원회(Federal Election Commission)가 공개한 트럼프의 금융 관련 기록을 보면 트럼프가 JP모건, 골드먼삭스, 모건스탠리, 시티그룹 등의 월가 대형 금융기관과 그 어떤 관계도 맺고 있지 않은 것으로 나타났다. 〈뉴욕 타임스〉가 추적해 공개한 대선 후보 정치 후원금 자료에서도 2016년 6월 22일 현재 트럼프가 슈퍼팩 및 다른 통로를 통해 거둔 정치 후원금은 250만 달러로 힐러리의 9670만 달러에 비해 턱없이 적은 액수다. 트럼프의 정치자금은 샌더스처럼 소액 기부에 전적으로 의지했고, 그래서 월가와 한패인 미디어가 트럼프에게 그토록 맹공을 퍼부었던 것이다. 마치 샌더스에게 했던 것처럼 말

— 부자는 어떻게 가난을 만드는가

이다.

골드먼삭스 직원이었다가 이제는 뉴욕 대학에서 재정학을 가르치고 있는 로이 스미스(Roy C. Smith) 교수는 올 5월 〈뉴욕 타임스〉와 가진 인터뷰에서 "트럼프는 월가와의 연고나 연계성이 거의 없다"고 단언한 바 있다. 이것을 보면 월가 입장에서 단연코 트럼프보다 힐러리가 요리하기 쉬운 상대임이 분명하다. 트럼프는 월가에게는 껄끄러운 존재일 뿐이다.

그래서 민주당 경선에서 탈락한 샌더스 지지자들이 모두 그와 같은 당의 힐러리에게 표를 찍을 것이라고 장담할 수 없다. 월가의 사기와 횡포에 지칠 대로 지친 과거의 중산층이나 현재의 중산층이 현실에 대한 좌절감과 불안감 때문에 월가와의 유착 관계가 확실한 힐러리가 아니라 트럼프에게 기울 공산도 있기 때문이다. 눈살을 찌푸리게 하는 불미스러운 자격 미비 요건조차 눈감아줄 만큼 미국 중산층의 분노는 고조되어 있다. 그들의 요구는 단 하나다. 묻지도 따지지도 말고 월가 규제에 나서야 한다는 것이다. 그들의 분노는 아주 정확하게 월가를 향해 있다. 그래서 트럼프가 공화당 대선 후보 공식 수락 연설에서 경선에서 탈락한 샌더스 지지자들에게 힐러리가 아닌 자신을 지지해달라고 당당히 러브 콜을 보낸 것이다.

물론 미국이 금권 세력에 의해 어찌 농단되고 있는지 깊은 속사정을 모르는 저학력 저소득층 백인들은 외국인에게 빼앗긴 일자리를 찾아주겠다는 말에 혹해서 무조건 트럼프를 지지했다. 그러나 빼앗긴 일자리 창출을 위해 트럼프가 내세운 공약은 어이없게도 부자 감세 및 법인세 인하라는 것이 문제다. 그리고 월가와의 소원함이 곧 월가 규제 의지를 의미하는 것은 아니기에 월가 규제를 천명하지 않은 트럼프를 의심할 수밖에 없다는 것도 근본적인 문제로 남아 있다. 사실 트럼프를 지지하는 국민들은 트럼프가 당선될 경우 배신의 칼날을 맞을 공산이 크다.

사회학자 에밀 뒤르켐은 인간을 끊임없이 자신의 욕망을 추구하는 탐욕의 존재로 보면서, 그 본성을 그대로 용인할 경우 도리어 인간에겐 처참한 말로가 닥친다고 경고했다. 뒤르켐은 욕망의 무규제(범) 상태(state of normlessness)를 '아노미(anomie)'라고 규정했는데, 사실 이런 자유로운 상태는 어쩌면 인간의 로망이 아닌가? 규제가 없는 상태, 얼마나 바라 마지않는 상태란 말인가. 그런데 그토록 바라 마지않는 상태에 인간이 실제로 놓였을 때 좋아하기는커녕 오히려 좌절하고 처참한 말로를 맞이한다니 그게 도대체 무슨 말인가?

답은 아노미라는 개념의 발단이 된 아노미적 자살(anomic suicide)에서 찾을 수 있다. 우리의 생각과는 달리 인간은 규범과 규제가 없는 상태를 오히려 견디지 못하고 그와 같은 상태에 놓이

— 부자는 어떻게 가난을 만드는가

면 급기야 자살을 택할 가능성이 높다. 즉 무규제 상태는 인간에 겐 득이 아닌 해가 된다. 그래서 인간은 어떤 무엇인가가 자신의 한없이 끓어오르는 욕망에 브레이크를 걸어주기를 본능적으로 바라는 역설적인 존재다.

뒤르켐은 이렇듯 본질적으로 역설적인 인간에게 사회가 구세주 역할을 한다고 말한다. 인간이란 끊임없이 욕망을 추구하는 존재 이자 그 욕망을 제어해주는 무언가를 갈구하는 존재이기도 해서, 결국 사회가 인간의 탐욕 추구를 억제하는 것이라고 뒤르켐은 말했다.

이런 뒤르켐의 시각에 비추어볼 때, 결국 규제는 선한 것이라 해도 전혀 틀린 말이 아니다. 그것은 0.01%에 의해 고통당하는 99.99%뿐만 아니라, 0.01%를 위해서도 좋은 것이다. 그런데 규제 의 지팡이를 높이 세우며 정의 앞에 사람들의 욕망을 억제(제어)시 키는 것, 나라와 세계를 휘청거리게 한 월가를 제어시키는 것, 이 것이 미국에서는 그토록 어려운 일이란 말인가?

그러나 정작 문제는 미국이 아니다. 이 책의 서두에서 밝혔다시 피 그깟 미국이야 어찌 되든 무슨 상관이란 말인가. 문제는 미국 의 상황이 우리에게 큰 영향을 미친다는 것이다. 우리가 미국의 판박이이기 때문이다. 그렇다면 우리의 중산층 붕괴 또한 명약관 화한 일이다. 우리 중산층의 붕괴는 이미 시작되었다. 수수방관할 일이 아니다.

그렇다면 어떻게 할 것인가? 그 답을 독자들이 이 책을 통해 찾기를 바란다. 내가 이 책에서 미국 중산층 붕괴의 주범이라고 제시한 항목이 우리 사회에서는 무엇에 해당하는가를 찾으면 답은 쉽게 풀릴 것이다. 그것들이 우리나라에서 작동하는 것을 멈추게 하면 된다. 다시 말해, 미국에서 벌어진 일들의 정반대 방향으로만 하면 된다.

가장 시급한 일은 경제 살리기의 주요 수단으로 한껏 미화된 기업에 대한 탈규제 기조를 바꾸는 것이다. 사실상 탈규제는 중산층 붕괴를 가져오는 노조 해체, CEO들의 고액 연봉 수급, 부자 감세와 법인세 인하, 제조업 붕괴, 금융화 등 모든 요인의 기저에 놓인 더 심층적인 요인이다. 왜냐하면 탈규제야말로 반국민, 반중산층, 반노동자적인 친기업적 정책이기 때문이다. 교육 정상화도 시급한 문제다. 교육이 개천에서 용이 날 수 있는 사회이동의 기제로 제대로 작동할 수 있도록 하루빨리 정상화시켜야 한다. 현재의 교육체계(특히 대입 체제)는 사회이동은커녕 오히려 현대판 신분제를 고착화시키는 데 일조할 뿐이다.

이 책을 마치기 전에 반드시 짚고 넘어가고 싶은 것이 있다. 바로 우리나라의 대도는 누구냐는 것이다. 먼저 2016년 대한민국을 발칵 뒤집어놓은 법조인들, 특히 검찰에 있거나 과거에 거기 적을 둔 적이 있는 탐관오리들부터 언급해야 한다. 박근혜 대통령은 유독 법조인을 좋아한다는 게 공공연한 사실인데, 최근 우리나라에서 큰 물의를 일으키고 있는 자들도 죄다 율사들이고, 사법부와 입법부 그리고 경제계를 아우르며 우리나라를 주무르고 있는 자들도 바로 이들이다. 이들은 법조인으로서의 초심을 잃고 지위와 권력을 이용해 일확천금을 노리며 볼썽사나운 행실로 국민들의 분노를 사고 있다.

이들이 부정한 방법으로 축재한 재산은 입이 딱 벌어질 정도다. 68년 검찰 역사상 처음으로 현직에서 해임 구속된 검사장을 비롯해 구설에 오른 법조인들의 재산은 수십 억도 아닌 수백 억 원이다. 이 소식을 듣는 일반 서민의 마음은 심히 불편하다. 그러나 그런 재산을 정정당당하게 불린 것이라면 하등 문제 될 것이 없다. 그렇지 않은 것이 문제다. 학벌, 그리고 알량한 지위와 권력을 악용해 때로는 교묘히 법망을 피해가면서 이렇게 저렇게 야로를 부려 탐욕적으로 불린 것이 문제인 것이다.

우리나라의 대도 중에는 이런 악덕 법조인(일부 대형 법률회사 포함)의 비호 아래 마음껏 활개를 치고 있는 고위 관료와 기업 총수, 그리고 이들과 붙어 놀아나는 부패 정치인과 기득권 언론인도 있다. 부패한 자들의 카르텔, 즉 그들만의 작당으로 인해 이 나라는 썩어가고 있다. 법이 정한 공식적 절차를 거치지 않은 비선 실세들의 득세는 바로 이런 음습한 환경에서 최적화된다. 최근 〈TV조선〉과 〈한겨레신문〉이 보도한 미르·K-스포츠 재단 의혹을 보라.

바로 이런 것들을 엄정한 법 집행을 통해 처벌해주기를 바라는 국민 앞에서, 이 무슨 작태란 말인가. 마치 고양이에게 생선 가게를 맡긴 꼴이다. 검찰에게 도둑을 잡아달라고 했더니 잡으란 도둑은 안 잡고 자신들이 파렴치한 일을 벌이고 있으니…….

본분을 철저히 망각한 부패 기득권 세력들의 농간과 농단에 우리나라 중산층의 시름은 날로 깊어갈뿐더러 중산층의 씨가 서서히 말라가는 중이다. 부패 기득권 세력은 국민은 안중에도 없고 오직 사리사욕에 눈이 멀어 자신에게 돈을 갖다 바치는 기업과 사람편에 설 것이 분명하다. 그런 고위 관료가 여전히 국민을 위한다고 믿는 순진한 이들이 지금까지 남아 있는 것은 아니기를 바란다.

한국판 대도들을 발본색원하고 척결해 정경 유착의 고리를 완전히 끊어내는 일, 그것이 우리에게 무엇보다 시급하다. 또한 이것이 바로 우리나라 중산층 살리기의 요체다.

2장

- 연방 정부 빈곤선 가이드라인(2012년), Dept. of Health and Human Services(HHS) 2012 Poverty Guideline: http://aspe.hhs.gov/poverty/12poverty.shtml/
- 연방 정부 빈곤선 가이드라인(2015년), Dept. of Health and Human Services(HHS) 2015 Poverty Guideline: https://aspe.hhs.gov/2015-poverty-guidelines/

3장

- Phelps, Glenn and Steve Crabtree, "Worldwide, Median Household Income About $10,000", 2013(Dec.), Gallup.: http://www.gallup.com/poll/166211/worldwide-median-household-income-000.aspx/
- Piketty, Thomas, *Capital in the Twenty-First Century*, Cambridge, MA: Belknap Press, 2014.
- Smeeding, Timothy, *Income Wealth and Debt and The Great Recession*,

Stanford, CA: Stanford Center on Poverty and Inequality, 2012.: http://web.stanford.edu/group/recessiontrends/cgi-bin/web/sites/ all/themes/barron/pdf/IncomeWealthDebt_fact_sheet.pdf/

4장

• Giddens, Anthony, *The Consequences of Modernity*, Stanford, CA: Stanford University Press, 1990.

6장

• Deprez, Esmé E., "Income Inequality", *Bloomberg QuickTake*, 2015. 12. 11.: http://www.bloomberg.com/quicktake/income-inequality/

• Piketty, Thomas and Emmanuel Saez, "Inequality in the Long Run", *Science*, Vol. 344, Issue. 6186, 2014(May), 838-843.: http://eml. berkeley.edu/~saez/piketty-saezScience14.pdf/

• 김광기, "미국의 소득 불평등과 부의 불평등, 그 현황과 진단", 『사회이론』, 46 호, 2014, 335-362.

7장

• Coy, Peter, "The Richest Rich are in a Class by Themselves", *Bloomberg Businessweek*, 2014. 4. 3.

• Johnston, David Cay, "Beyond the 1 Percent", *Reuters*, 2011. 10. 25.

• Saez, Emmanuel and Gabriel Zucman, "Wealth Inequality in the United States Since 1913: Evidence from Capitalized Income Tax Data", *Working Paper*, No. 20625, Cambridge, MA: National Bureau of Economic Research, 2014.

8장

• Norton, Michael I. and Dan Ariely, "Building a Better America: One Wealth Quintile at a Time", *Perspectives on Psychological Science*, 6(1), 2011, 9-12.

• CIA, *The World FactBook: Country Comparison: Distribution of Family Income-GINI Index*, 2016.: https://www.cia.gov/library/publications/the-world-factbook/rankorder/2172rank.html/

9장

• Lindert, Peter H. and Jeffrey G. Williamson, "American Incomes Before and After The Revolution", *Working Paper*, No. 17211, Cambridge, MA: National Bureau of Economic Research, 2011.

• Lindert, Peter H. and Jeffrey G. Williamson, "American Incomes 1774-1860", *Working Paper*, No. 18396, Cambridge, MA: National Bureau of Economic Research, 2012.

• Piketty, Thomas and Emmanuel Saez, "Top Incomes and the Great Recession: Recent Evolutions and Policy Implications", *IMF Economic Review*, 61(3), 2013, 456-478.

• Weissmann, Jordan, "U.S. Income Inequality: It's Worse Today Than It was in 1774, Even If You Count Slaves", *The Atlantic*, 2012. 9. 19.

10장

• Cynamon, Barry Z. and Steven M. Fazzari, "Inequality, the Great Recession and Slow Recovery", *Working Paper*, No. 1, Institute for New Economic Thinking, 2014.: http://ineteconomics.org/uploads/

papers/Cyn-Fazz-ConsInequ-141024-revised-Oct.pdf/

- 금융 위기 후 미국의 산업구조 재편 추세: http://www.nytimes.com/interactive/2014/06/05/upshot/how-the-recession-reshaped-the-economy-in-255-charts.html?_r=0/

11장

- Frieden, Jeffry, "Bring Back Economic Sanity", *The Guardian*, 2010. 2. 19.
- Shaw, Jonathan, "After Our Bubble: Prospects for American Economic Recovery and Cautionary Lessons from Japan", *Harvard Magazine*, 2010(July-August).
- 피케티와 워런의 보스턴 대담 : http://www.huffingtonpost.com/2014/06/02/watch-elizabeth-warren_n_5434250.html/
- 라이시 교수 CNN Money 인터뷰, "Who's to Blame for Income Inequality?", 2013. 9.: http://money.cnn.com/video/news/2013/09/16/n-lehman-occupy-income-inequality-blame.cnnmoney/

13장

- Bauer, Raymond A., *Ithiel de Sola Pool, and Lewis Anthony Dexter, American Business and Public Policy: The Politics of Foreign Trade*, Cambridge, MA: MIT Press, 1963.
- Drutman, Lee, *The Business of America is Lobbying: How Corporations Became Politicized and Politics Became More Corporate: Studies in Postwar American Political Development*, New York, NY: Oxford University Press, 2015

• Drutman, Lee, "The Business of America is lobbying: Explaining the growth of corporate political activity in Washington, DC.", *Unpublished Paper*, http://citeseerx.ist.psu.edu/viewdoc/download?d oi=10.1.1.519.3212&rep=rep1&type=pdf/

• Hansen, Wendy L. and Neil J. Mitchell, "Disaggregating and Explaining Corporate Political Activity: Domestic and Foreign Corporations in National Politics", *The American Political Science Review*, Vol. 94, No. 4, 2000, 891-903.

14장

• Caldwell, Christopher, "Obama Replaces Congress with Plutocrats", *Financial Times*, 2014. 1. 31.

• Firestone, David, "President Obama's Fundraising Scandal", *New York Times*, 2014. 7. 23.

• White, Ben and Maggie Haberman, "Lament of the Plutocrats", *Politico*, 2013. 12. 11.

15장

• Callahan, David, *The Cheating Culture: Why More Americans Are Doing Wrong to Get Ahead*, New York, NY: Harvest Book, 2004.

• Hacker, Jacob S., and Paul Pierson, "Winner-Take-All Politics: Public Policy, Political Organization, and the Precipitous Rise of Top Incomes in the United States", *Politics & Society*, 38(2), 2010, 152-204.

• Phillips, Kevin P., *Wealth and Democracy: A Political History of the American Rich*, New York, NY: Broadway Books, 2002.

- West, Darrell M., *Billionaires: Reflections on the Upper Crust*, Washington D.C.: The Brookings Institute Press, 2014.

17장

- Sorokin, Andrew Ross, "What Timothy Geithner Really Thinks," *The New York Times*, 2014. 5. 8.
- 김광기, 『우리가 아는 미국은 없다』, 서울: 동아시아, 2011.

18장

- Frieden, Jeffry, "Bring Back Economy Sanity," *The Guardian*, 2010. 2. 19.
- Saez, Emmanuel, "Striking It Richer: The Evolution of Top Incomes in the United States(Updated with 2012 Preliminary Estimates)", *Unpublished Paper*, 2013. 9.3.: http://eml.berkeley.edu/~saez/saez-UStopincomes-2012.pdf/
- 김광기, 『우리가 아는 미국은 없다』, (서울: 동아시아, 2011).
- 김광기, 『정신 차려 대한민국』, (서울: 랜덤하우스코리아, 2012).

19장

- DeMartino, George F., *The Economist's Oath: On the Need for and Content of Professional Economic Ethics*, New York, NY: Oxford University Press, 2011.
- Fisk, Robert, "Bankers are The Dictators of The West," *The Independent*, 2011. 12. 10.

20장

- Krugman, Paul, "Sanders Over the Edge", *New York Times*, 2016. 4. 8.
- Krugman, Paul, "Plutocrats and Prejudice", *New York Times*, 2016. 1. 29.
- Krugman, Paul, "How Change Happens", *New York Times*, 2016. 1. 22.
- Summers, Lawrence, "The Rich Have Advantages That Money Cannot Buy", *Financial Times*, 2014. 6. 8.

21장

- Dal Bó, Ernesto, Pedro Dal Bó, and Jason Snyder, "Political dynasties" *The Review of Economic Studies*, 76 (1), 2009, 115-142.
- McVeigh, Karen, "George P Bush and the US Obsession with Political Dynasties", *The Guardian*, 2014. 3. 11.
- "America's New Aristocracy", *The Economist*, 2015. 1. 24.

22장

- Chetty, Raj, Nathaniel Hendren, Patrick Kline and Emmanuel Saez, "Where is the Land of Opportunity? The Geography of Intergenerational Mobility in the United States", The Quarterly Journal of Economics, 129(4), 2014: 1553-1623.
- Chetty, Raj, Nathaniel Hendren, Patrick Kline, Emmanuel Saez, Nicholas Turner, "Is The United States still a Land of Opportunity? Recent Trends in Intergenerational Mobility", *Working Paper*, No. 19844, Cambridge, MA: National Bureau of Economic Research, 2014.

- Kornrich, Sabino, and Frank F. Furstenberg, "Investing in Children: Changes in Spending on Children, 1972 to 2007", *Demography*, 50(1), 2013(Feb), 1-23.
- Putnam, Robert D., *Our Kids: The American Dream in Crisis*, New York, NY: Simon & Schuster, 2015.
- Readon, Sean, "No Rich Child Left Behind", *New York Times*, 2013. 4. 27.

23장

- Helper, Susan, Timothy Krueger, and Howard Wial, "Why Does Manufacturing Matter? Which Manufacturing Matters?: A Policy Framework", *Metropolitan Policy Program*, Brookings Institute, 2012.: http://www.brookings.edu/~/media/research/files/papers/2012/2/22%20manufacturing%20helper%20krueger%20wial/0222_manufacturing_helper_krueger_wial.pdf/
- Kearney, Melissa S., Brad Hershbein, and Elisa Jacome, "Profiles of Change: Employment, Earnings, and Occupations From 1990~2013", *The Hamilton Project*, Brookings Institute, 2015.: http://www.brookings.edu/blogs/up-front/posts/2015/04/21-employment-earnings-occupations-profiles-from-1990-to-2013-kearney-hershbein/

24장

- Davis, Gerald, *Managed by the Markets: How Finance Reshaped America*, New York, NY: Oxford University Press, 2009.

- Guillen, Mauro F., and Sandra Suarez, "The Global Crisis of 2007-2009: Markets, Politics, and Organizations", *Markets on Trial: The Economic Sociology of the U.S. Financial Crisis: Part A. Research in the Sociology of Organizations*, Vol. 30A, M. Lounsbury and P. M. Hirsch (eds.), Bingley, UK: Emerald, 2010, 257-279.
- Tomaskovic-Devey, Donald and Ken-Hou Lin, "Income Dynamics, Economic Rents, and the Financialization of the U.S. Economy", *American Sociological Review*, 76(4), 2013, 538-559.
- 김광기, "미국의 불평등 심화의 배경과 함의", 『사회이론』, 49호, 2016, 101-132.

25장

- Adams, Susan, "26 CEOs Who Made More Than Their Companies Paid in Federal Tax", *Forbes*, 2012. 8. 17.
- Anderson, Sarah and Betsy Wood, "Restaurant Industry Pay: Taxpayers's Double Burden: How Restaurant CEOs are Benefiting from Subsidies While Lobbying to Defeat a Minimum Wage Increase", Washington D. C.: Institute for Policy Studies/United for a Fair Economy., 2014.: http://www.ips-dc.org/wp-content/uploads/2014/04/IPS-Restaurant-Industry-Pay-Report-2014.pdf/
- Bayard, Marc, Sarah Anderson, Chuck Collins, John Cavanagh, "Executive Excess: CEOs Gain From Massive Downsizing-CEOs Win, Workers Lose", *4th Annual Executive Compensation Survey*, Washington D.C.: Institute for Policy Studies/United for a Fair Economy, 1997.: http://www.ips-dc.org/wp-content/

uploads/1997/05/Executive_Excess_1997.pdf/

- Hacker, Jacob S. and Paul Pierson, "Winner-Take-All Politics: Public Policy, Political Organization, and the Precipitous Rise of Top Incomes in the United States", *Politics & Society*, 38(2), 2010, 152-204.

- Phillips, Kevin P., *Wealth and Democracy: A Political History of the American Rich*, New York, NY: Bradway Books, 2002.

- Vermeulen, Philip, "How Fat is the Top Tail of the Wealth Distribution?", *Working Paper*, No. 1692, European Central Bank, 2014.

- Volscho, Thomas W., and Nathan J. Kelly, "The Rise of the Super-Rich: Power Resources, Taxes, Financial Markets, and the Dynamics of the Top 1 Percent, 1949 to 2008", *American Sociological Review* 77(5), 2012, 679-699.

- Zucman, Gabriel, "Taxing Across Borders: Tracking Personal Wealth and Corporate Profits", *Journal of Economic Perspectives*, 28(4), 2014, 121-148.

- 김광기, "미국의 불평등 심화의 배경과 함의", 『사회이론』, 49호, 2016, 101-132.

26장

- Anderson, Sarah, Chuck Collins, Sam Pizzigati, and Kevin Shin, *CEO Pay and the Great Recession: 17th Annual Executive Compensation Survey*, Washington D.C.: Institute for Policy Studies/United for a Fair Economy, 2010.

- Bartels, Larry M., *Unequal Democracy: The Political Economy of the New*

Gilded Age, Princeton, NJ: Princeton University Press, 2008.

• Chetty, Raj, Nathaniel Hendren, Patrick Kline and Emmanuel Saez, "Where is the Land of Opportunity? The Geography of Intergenerational Mobility in the United States", *The Quarterly Journal of Economics*, 129(4), 2014, 1553-1623. : http://eml.berkeley.edu/~saez/geo_slides.pdf/

• Freeman, Richard, Eunice Han, David Madland, Brendan Duke, "Bargaining for The American Dream: What Unions Do for Mobility," Washington D.C.: Center for American Progress Action Fund, 2015.: https://www.americanprogress.org/issues/economy/report/2015/09/09/120558/bargaining-for-the-american-dream/

• Freeman, Richard, Eunice Han, David Madland, Brendan Duke, "How does Declining Unionism Affect the American Middle Class and Intergenerational Mobility," *Working Paper*, No. 21638, Cambridge, MA: National Bureau of Economic Research, 2015.

• Freeman, Richard and Eunice Han, "Public Sector Unionism without Collective Bargaining," *AEA Meeting Working Paper*, San Diego, CA, 2012.

• Freeman, Richard and Eunice Han, "The War Against Public Sector Collective Bargaining in the US," *Journal of Industrial Relations*, 54(3), 2012, 386-408.

• Heritage Foundation, "Union Membership Rates Continue Decline", 2012.: http://www.heritage.org/multimedia/infographic/2012/01/union-membership-rates-continue-decline/

• Madland, David and Nick Bunker, "Unions Boost Economic

Mobility in U.S. States", Washington D.C.: Center for American Progress Action Fund, 2012.

• Saez, Emmanuel, "Striking It Richer: The Evolution of Top Incomes in the United States(Updated with 2012 Preliminary Estimates)", *Unpublished Paper*, 2013. 9. 3.: http://eml.berkeley.edu/~saez/saez-UStopincomes-2012.pdf/

이 책은 2012년부터 2016년 7월까지 〈경향신문〉과 〈동아일보〉에
연재했던 칼럼들과 그 후 새로이 썼으나 지면에 실린 적 없는 글들
을 한데 모아 묶은 것이다. 그러나 신문에 이미 게재된 칼럼도 그대
로 싣지 않고 손질해서 새 단장을 했다. 각 장마다 중요하게 참고한
논문과 책, 그리고 칼럼을 참고문헌에 따로 밝혔으나 인용한 외신
기사들은 참고문헌에서 제외시키고 인용 부호를 다는 것으로 갈음
했다. 칼럼을 연재하던 당시 〈동아일보〉 오피니언 부장이었던 허문
명 기자와 〈경향신문〉 오피니언 부장인 김후남 기자에게 이 자리를
빌어서 감사의 말씀을 전한다. 흔쾌하고 신속히 이 책의 출간을 결
정해준 북21의 김영곤 대표와 함성주 주간에게도 진심으로 감사드
린다. 물론 책을 실질적으로 만들어준 김수현 과장의 노고는 말로
표현할 길이 없다. 끝으로 이 책이 오만과 편견, 그리고 무지로 점
철된 우리의 일상에 따끔한 일침이 되었으면 하는 바람이다.

2016년 11월

김 경 기

ki신서 6770

부자는 어떻게 가난을 만드는가

0.01%를 위한 나라, 미국 경제로 보는
한국 중산층의 미래

1판 1쇄 인쇄 2016년 11월 5일
1판 1쇄 발행 2016년 11월 8일

지은이 김광기
펴낸이 김영곤 **펴낸곳** ㈜북이십일 21세기북스
출판사업본부장 신승철
책임편집 김수현 **출판기획팀** 윤경선 **교정** 고나리
디자인 이석운 김미연
영업 이경희 이은혜 권오권 **마케팅** 김홍선 최성환 조윤정
홍보 이혜연 최수아 홍은미 백세희 김솔이
제작 이영민
출판등록 2000년 5월 6일 제10-1965호
주소 (우 10881) 경기도 파주시 회동길 201(문발동)
대표전화 031-955-2100 **팩스** 031-955-2151
이메일 book21@book21.co.kr

ⓒ 김광기 2016

ISBN 978-89-509-6770-3 03330

(주)북이십일 경계를 허무는 콘텐츠 리더

아르테 채널에서 도서 정보와 다양한 영상자료, 이벤트를 만나세요!
북이십일과 함께하는 팟캐스트 '[북팟21] 이게 뭐라고'
페이스북 facebook.com/21cbooks 블로그 b.book21.com
인스타그램 instagram.com/21cbooks 홈페이지 www.book21.com